S. Bauert, A. Grünbecken, C. Kopp, C. Mohr

Modell zur effizienten IT-Projektportfolio-Planung in multina

S. Bauert, A. Grünbecken, C. Kopp, C. Mohr

Modell zur effizienten IT-Projektportfolio-Planung in multinationalen Konzernen

GRIN Verlag

Bibliografische Information der Deutschen Nationalbibliothek: Die Deutsche Bibliothek verzeichnet diese Publikation in der Deutschen Nationalbibliografie; detaillierte bibliografische Daten sind im Internet über http://dnb.d-nb.de/ abrufbar.

1. Auflage 2008
Copyright © 2008 GRIN Verlag
http://www.grin.com/
Druck und Bindung: Books on Demand GmbH, Norderstedt Germany
ISBN 978-3-640-33219-9

HOCHSCHULE
LIECHTENSTEIN

Modell zur effizienten
IT-Projektportfolio-Planung
in multinationalen Konzernen

Seminararbeit

Fachbereich Wirtschaftswissenschaften
Hochschule Liechtenstein

Bearbeitungszeitraum: 18.10.2008 bis 03.12.2008

Eingereicht von:

Stefan Bauert

Andreas Grünbecken

Christian Kopp

Christian Mohr

Inhaltsverzeichnis

Abstract

In der IT-Branche erreichen rund 70% aller initiierten Projekte die definierten Ziele nicht. Zudem verstärkt die kontinuierliche Anpassung der IT an den Anforderungen aus dem Business (IT-Alignment) den Druck auf die IT-Budgets. Darüber hinaus werden in ausgewählten Branchen (z.B. Finanzsektor) ca. 50 % des knappen Budgets in Projekte mit unklarem Wertbeitrag investiert. Die Entscheidung, die „richtigen" IT-Projekte durchzuführen wird, unter Berücksichtigung der begrenzten IT-Budgets immer wichtiger. Laut Gartner-Group gehört die effiziente Führung eines IT-Projektportfolios zu den Grundaufgaben einer jeden Unternehmung. Dennoch wird aktuell dem IT-Projektportfolio-Manangement relativ wenig Beachtung geschenkt. Durch einen standardisierten IT-Projektportfolioprozess erreichen, laut einer Studie der META Group, 25 % von 2000 befragten CIOs eine IT-Effizienzsteigerung von 20-25%. Neben der Erhöhung der Wirtschaftlichkeit führt der zielgerichtete Einsatz von IT-Projektportfolio-Management zu einer effizienten Planung, fortlaufender Kontrolle und erfolgreichem Abschluss von IT-Projekten.

Im Rahmen dieser Arbeit wird auf die theoretischen Grundlagen des IT-Projektportfolio-Management eingegangen. Hierbei folgt eine Darstellung der Zusammenhänge und Abgrenzung zwischen den Disziplinen Portfolio-, Programm- und Projektmanagement.

Nach der Erarbeitung eines unternehmensweiten Ordnungsrahmens für das IT-Projektportfolio-Management wird auf ausgewählte Prozessbausteine und deren Methoden zur Umsetzung detailliert eingegangen. Dabei werden aktuelle Verfahrensmodelle der betrieblichen Praxis betrachtet und Schwachstellen kritisch beleuchtet.

Darauf aufbauend werden Ansätze vorgeschlagen, um ein allgemeingültiges Modell für global agierende Konzerne zu finden. Die detaillierte Umsetzung des Modells, sowie die Adaption auf ein spezifisches Unternehmen ist nicht Bestandteil dieser Arbeit und erfolgt erst im Rahmen des Forschungsprojekts.

1 Einleitung (Relevanz)

Die Informationstechnologie (IT) ist heute schon in vielen Branchen ein kritischer Erfolgsfaktor. Zukünftig werden nahezu alle Branchen hochgradig von der IT abhängig sein und damit werden die Investitionen in die IT einen immer stärkeren Einfluss auf den Unternehmenserfolg haben. In einer aktuellen Studie der Hacket Group wurden 2.100 Unternehmen im Zusammenhang zwischen IT-Investitionen und Unternehmenserfolg untersucht. Das Ergebnis der Studie ist, dass sich höhere Investitionen in die IT auszahlen, wenn sie zielgerichtet eingesetzt werden. Eine effiziente IT-Landschaft ist deshalb eine Voraussetzung für den Unternehmenserfolg.

In der Praxis wird dies momentan mit einer Transformation der monolithischen IT-Systeme (bestehende isolierte Anwendungen, die eine feste, untrennbare Einheit bilden) hin zu flexibleren IT-Architekturen versucht.[1] Nicht nur deshalb hat die Zahl der großen IT-Projekte in den letzten Jahren stark zugenommen, aber es gab nur wenige Fortschritte in Bezug auf die Erfolgsquote von IT-Projekten.

Die Standish Group, die seit mehr als zehn Jahren den Erfolg und Misserfolg von IT-Projekten untersucht, veröffentlichte 2004 eine Studie über 8.000 untersuchte IT-Projekte in den U.S.A. Nach dieser Studie sind von den 8.000 Projekten mehr als 15 % nicht fertig gestellt worden. Nur etwas mehr als 51 % wurden beendet, lagen aber weit über dem Zeitplan und Budget oder lieferten weniger Funktionalität als erwartet. Lediglich 34 % der Projekte liefen gemäß Planung ab.[2]

Andere Untersuchungen kommen zu ähnlichen Schlussfolgerungen, z.B. führt die Fehlallokation von Ressourcen zu der viel zitierten Situation, dass ca. 70 % aller IT-Projekte die geplanten Ziele nicht erreichen.[3]

Es stellt sich die Frage nach den Gründen für die Misserfolge hinsichtlich von IT-Projekten. Die Ursachen sind oft in mangelnder Definitionen der Projektziele und ungenügender Planung zu suchen. Genauso spielen Fehlschätzungen bei Kosten und Zeit eine große Rolle.[4] Des Weiteren werden aufgrund heterogener und stellenweise sehr komplexer Zielsetzungen der Unternehmung oder einzelner Geschäftseinheiten die IT-Ressourcen und -Budgets signifikant überstiegen.[5]

---

[1] Vgl. Zimmermann (2008), S. 460.
[2] Vgl. Tscherne (2006), S. 3.
[3] Vgl. Zimmermann (2008), S. 460.
[4] Vgl. Tscherne (2006), S. 3.
[5] Vgl. Bartenschlager/Heym (ohne Datum), S. 1.

Das Zusammenbringen der Anforderungen aus dem Business mit der IT und die übergreifende Planung der daraus resultierenden IT-Projekte ist Aufgabe der IT-Verantwortlichen. Dies zu gewährleisten ist nur mit einem übergreifenden IT-Projektportfolio-Management (IT-PPM) möglich. Durch IT-PPM werden die IT-Projekte auf die Unternehmensziele ausgerichtet, um somit einen positiven Wertbeitrag zu leisten. Mit Methoden und Instrumenten des IT-PPM lassen sich die vielfältigen Aufgaben zur Bewertung, Qualifizierung und zur kontrollierten Steuerung sämtlicher IT-Projekte ganzheitlich erfolgreich realisieren. Dies beginnt bei der Anforderungsanalyse, Auswahlentscheidung und Prioritätensetzung bis hin zur Realisierung und Produktivsetzung der jeweiligen IT-Projekte.[6]

Darüber hinaus wird ein zentralisierter Blick über alle IT-Projekte in der Organisation geschaffen. Dadurch können Abhängigkeiten zwischen den Projekten früher erkannt und Redundanzen beseitigt werden. Ebenso können nicht rentable Projekte früher gestoppt und der Fokus auf hochwertige Projekte, die zum Unternehmenserfolg beitragen, gelegt werden.[7]

1.1 Zielsetzung

Ziel dieser Arbeit ist es, ein Modell zur effizienten IT-Projektportfolio-Planung für multinationale Konzerne zu finden. In der IT-Projektportfolio-Planung werden sowohl die bereits laufenden und in den Vorperioden nicht berücksichtigten als auch neue Projektvorschläge miteinbezogen. Insofern stellt die IT-Projektportfolio-Planung und –priorisierung eine wichtige Weichenstellung für ein effektives IT-PPM dar. Durch eine gründliche und gezielte Planungs- und Priorisierungsphase können frühzeitig Unstimmigkeiten innerhalb und zwischen den Projekten entdeckt werden.

In dieser Arbeit soll nicht auf das unternehmensweite Projekt-Portfoliomanagement eingegangen und ebenso wenig soll das IT-Portfolio-Management betrachtet werden, sondern vielmehr soll direkt mit dem IT-PPM eingestiegen werden. Es werden dabei die aktuellen Vorgehensweisen in der Theorie und in der Praxis untersucht. Basierend auf den aktuellen Entwicklungen im IT-PPM und den daraus resultierenden Ergebnissen wird ein überarbeitetes Modell bzw. Artefakt skizziert, welches die Planungs- und Priorisierungsphase im IT-PPM bei multinationalen Konzernen unterstützen und erleichtern soll.

Ausserdem wird ein Vorgehenskonzept entwickelt, wie dieses Modell später in der Praxis evaluiert und verifiziert werden kann. Die konkrete Umsetzung dieses Modell ist allerdings nicht Teil dieser Arbeit, sondern soll erst in der daraus resultierenden Projektarbeit realisiert werden. Die Projektarbeit wird jedoch schon im Rahmen dieser Vorstudie projektiert. Im Vordergrund steht hierbei die Skizzie-

---

[6] Vgl. Tiemeyer (2008), S. 43.

[7] Vgl. Cubeles-Marquez (2008), S. 33.

rung des Projektaufbaus für die Umsetzung des entwickelten Modells in der Praxis mit zeitlicher Planung, Kostenplanung und Risikomanagement.

Ein weiteres Ziel dieser Arbeit ist vorab das vorgestellte Modell kritisch zu würdigen, um Vorteile und Grenzen aufzuzeigen, sowie Folgeaktivitäten darzulegen.

1.2 Vorgehensweise

Die nachfolgende Abbildung gibt einen Überblick über die einzelnen Kapitel. Beim Aufbau dieser Arbeit wurde bewusst auf das in der Lehrveranstaltung besagte Modell „Theory Building vs. Design Science vs. Engineering" eingegangen.

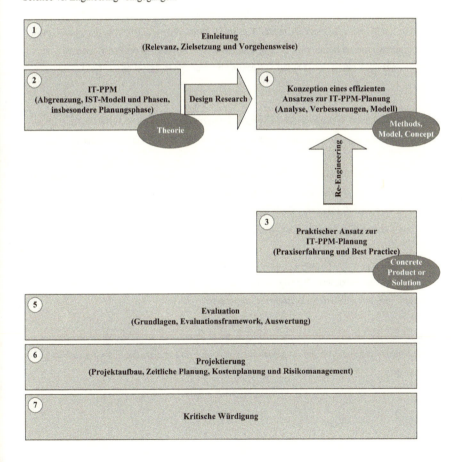

In Kapitel 1 steht die Einführung in das Themengebiet IT-PPM im Vordergrund. Vor allem wird auf die aktuelle Relevanz des Themas eingegangen. Zum weiteren Verständnis werden dabei die Zielsetzung und der Aufbau dieser Arbeit erläutert.

In Kapitel 2 werden die Grundlagen und Elemente des IT-PPM aufgezeigt. Die Abgrenzung des Themas von IT-Portfolio-Management, IT-Programm-Management und IT-Projekt-Management ist dabei genauso wichtig, wie das Aufzeigen des aktuellen IST-Models des IT-PPM. Dabei wird ein Framework skizziert, anhand dessen die einzelnen Phasen beschrieben werden. Besonderes Augenmerk wird dabei den in der Zielsetzung herausgestellten Phasen der Planung und Priorisierung von IT-Projekten gewidmet.

Nach der Einführung und Beschreibung des Begriffs IT-PPM, wird in Kapitel 3 die Frage nach einem praxiserprobten Modell beantwortet. Hierfür wurden mehrere Ansätze aus der Praxis untersucht und es wird im Speziellen auf den Praxisansatz von dem multinationalen Industriekonzern Coca-Cola eingegangen.

Die aus Kapitel 2 und 3 resultierenden Ergebnisse werden in Kapitel 4 analysiert. Es werden Verbesserungsvorschläge ausgearbeitet, sowie eine neue und effiziente Modellbeschreibung entwickelt.

Kapitel 5 hat die Evaluierung der angestellten Überlegungen zum Ziel. Es wird auf die Evaluationsmethoden eingegangen, mit welchen die neue Teilmodellbeschreibung des IT-PPM bei der Umsetzung in der Praxis verifiziert werden kann. Ein Evaluationsframework wird hier erstellt, um später bei der Einführung beim Kunden zu unterstützen.

Die Projektierung wird in Kapitel 6 beschrieben. Hier geht es darum zu planen, wie die Einführung des Projekts in der Praxis aussehen wird. Neben dem Projektaufbau wird auf die zeitliche Planung, die Kostenplanung und das Risikomanagement eingegangen.

Zum Schluss der Studie erfolgt in Kapitel 7 eine kritische Würdigung der Arbeit. Dabei werden die Vorteile und Grenzen des Vorgehens aufgezeigt und es wird auf Möglichkeiten für Folgeaktivitäten eingegangen.

2 IT-Projektportfolio-Management (IT-PPM)

Der fundamentale Wandel des Umfelds von Unternehmen hat die Entwicklung der Unternehmen in den letzten Jahren grundlegend verändert und beschleunigt. Die Veränderungen im Umfeld lassen sich durch den globalisierten Wettbewerb, auf einen gewandelten politischen, regulatorischen und sozialen Rahmen als auch auf neue technologische Möglichkeiten zurückführen. Diese veränderten Umfeldkomponenten führen zu einer erheblichen Steigerung der Komplexität in Hinblick auf sich überlagernde Organisationsdimensionen, Prozesse, Projekte und Geschäftsfelder.[8] Projekte sind ein essentieller Bestandteil der Veränderungsbemühungen innerhalb der Unternehmen. Projektvorhaben stehen im Unternehmen jedoch nicht alleine, sondern wetteifern um die notwendigen internen Ressourcen und um begrenzte finanzielle Mittel. Darüber hinaus wurden in den letzten Jahren bei vielen Unternehmen durch kontinuierliche Effizienzverbesserungs-Maßnahmen und „Lean-Process"-Programme die internen, für Projekte zur Verfügung stehenden Ressourcen deutlich reduziert.[9]

Aufgrund einer zunehmenden Komplexität des Umfelds bei steigender Anzahl und Vielfalt an Projekten, sowie Interdependenzen zwischen den Projekten und stets mangelnder Ressourcen, wird eine koordinierte, projektübergreifende Planung, Organisation und Steuerung der Projektlandschaft (Projektportfolio) unerlässlich.[10]

Nach Darstellung der Relevanz des Themas für viele Unternehmen, fokussiert sich das folgende Kapitel auf die Abgrenzung der Begriffswelt, dem Aufzeigen eines aktuellen Ordnungsrahmens für das IT-PPM, die detaillierte Beschreibung der einzelnen Phasen, sowie deren Methoden.

2.1 Abgrenzung und Einordnung der Begriffswelt

Im Bereich des IT-PPM gibt es eine Vielzahl an Begrifflichkeiten, welche teilweise Abhängigkeiten zueinander aufweisen. Für das bessere Verständnis, sowie die klare Abgrenzung der Begrifflichkeiten für die weitere Arbeit, werden die folgenden Begriffe im Folgenden näher betrachtet:

- IT-Portfolio-Management
- IT-Projektportfolio-Management (IT-PPM)
- IT-Programm-Management
- IT-Projekt-Management

Das **IT-Portfolio-Management** ist ein Überbegriff zur Kapselung aller innerhalb der IT vorhandenen Portfolios, wie u.a. dem Projekt-, dem Solution- oder auch dem Serviceportfolio einer IT-Organisation.

---

[8] Vgl. Wollmann (2008), S. 67.

[9] Vgl. Wieder (2007), S. 1.

[10] Vgl. Eßeling (2008), S. 109.

Diese Portfolien müssen eine zielgerichtete Ausrichtung, sowie einen klaren Mehrwert für die vorhandene IT-Strategie haben, welche wiederum eine klar definierte Auswirkung auf die unternehmensweite Strategie haben sollte. Für die weitere Arbeit ist nur das **IT-Projektportfolio-Management** von Interesse. Dieses umfasst die Koordination der Gesamtheit der zur Verfügung stehenden IT-Projekte mit dem Ziel der bestmöglichen Erreichung der Unternehmensziele unter optimalem Einsatz der vorhandenen Ressourcen.[11] Die Koordination beinhaltet Aufgaben der Priorisierung, Steuerung und Kontrolle der einzelnen Projekte.[12] Die Priorisierung und anschliessende Auswahl der vorhandenen Projekte darf nicht nur IT-internen Zielen folgen, sondern muss eine klare Relevanz haben und einen definierten Beitrag für die Unternehmensstrategie leisten. Die „richtige" Auswahl der Projekte ist somit eine der Hauptaufgaben des IT-PPM und hat dadurch eine direkte Wirkung auf die Effektivität der IT. Das **IT-Programm-Management** dagegen ist das Management gekoppelter Einzelprojekte mit einem gemeinsamen Hauptziel, welche eine vernetzte Planung, gemeinsame Regeln und Kultur, sowie eine abgestimmte Kommunikation erfordern, um mittels eines zeitlich begrenzten Vorhabens eine strategische Aufgabe zu erfüllen.[13] Das IT-Programm-Management dient somit der „effizienten" Ausführung der im IT-PPM selektierten Projekte mit gemeinsamem Ziel und hat nicht die Aufgabe die eigentliche Durchführung der Projekte zu leiten. Dies ist und bleibt weiterhin die Aufgabe des **IT-Projekt-Managements** und deren Projektmanager. Das Projektmanagement befasst sich mit der Führung und Durchführung der ausgewählten Projekte, welche als geschlossene, komplexe und/oder in sich geschlossene Aufträge bezeichnet werden und eine Projektmethodik erfordern, um alle Aktivitäten zu planen, steuern, durchführen und kontrollieren zu können.[14] Damit können unter Einsatz der „richtigen" Methoden Projekte erfolgreich abgeschlossen werden und die Projektmanager einen wesentlichen Beitrag für die Effizienz der IT leisten.

Die nachfolgende Abbildung stellt die aufgezeigten Zusammenhänge grafisch dar.

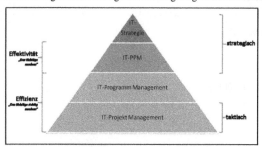

Abbildung 1: Einordnung und Abgrenzung IT-PPM
Quelle: Eigene Darstellung.

---

[11] Vgl. Müller et al. (ohne Datum), S. 10.

[12] Vgl. Jenny (2009), S. 217.

[13] Vgl. Jenny (2009), S. 105.

[14] Vgl. Jenny (2009), S. 107.

Die Leistungserstellung innerhalb der IT wird somit durch die zwei Managementdisziplinen IT-PPM, welches das Ziel der „richtigen" Projektauswahl verfolgt, und IT-Projekt-Management, welches die „richtige" Leitung und Durchführung der einzelnen Projekte als Ziel hat, wesentlich beeinflusst. Diese beiden Disziplinen haben damit einen direkten Einfluss auf die Effektivität und Effizienz einer IT-Organisation. Folgende Abbildung verdeutlicht dies.

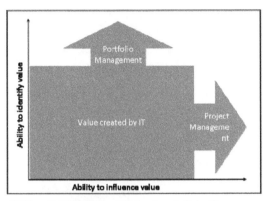

Abbildung 2: Effektivität vs. Effizienz innerhalb der IT
Quelle: Cubeles-Marquez (2008), S. 33.

2.2 Ist-Modell IT-PPM

2.2.1 Allgemein

In der heutigen Zeit sind viele IT-Organisationen einem hohen Druck ausgesetzt. Neben der Vielzahl an gleichzeitig ausgeführten Projekten, müssen diese zum einem „richtig" und damit „effizient" ausgeführt werden und zum anderen einen klaren Beitrag für die Unternehmensstrategie, um damit einen Wertbeitrag für das Unternehmen liefern. In dieser Situation müssen heutige Chief Information Officers (CIOs) nicht nur die „richtigen" IT-Projekte „richtig" ausführen, sondern den Wertbeitrag der IT und deren Projekte unternehmensweit darlegen, um die vergangenen sowie zukünftigen IT-Investitionen zu qualifizieren und quantifizieren.[15] Bei einem eingesetzten IT-Gesamtbudget von rund $780 Mrd. in den USA 2002 ist die Adaption eines IT-PPM für immer mehr CIOs von grosser Bedeutung. Neben der Studie von Jeffery und Leliveld 2003, die unter Befragung von 130 CIOs den Einsatz eines optimalen IT-PPM bei nur 25% der Befragten feststellte,[16] stellt auch Gartner die Wichtigkeit von IT-PPM in den Fokus und prognostiziert, dass 40% der grossen IT-Organisationen einen struktu-

---

[15] Vgl. META Group (2002), S. 2.
[16] Vgl. Jeffery/Leliveld (2004), S. 41 ff.

7

rierten und disziplinierten IT-PPM Ansatz für die Koordination der IT-Investitionen mit dem Fokus, die strategischen Ausrichtung zu verbessern, einführen werden.[17]

Nach Kevin Hughes liefert das IT-PPM schliesslich die notwendige Unterstützung bei der Identifizierung, Auswahl, Priorisierung, sowie der Ressourcenallokation für anstehende Projekte und ermöglicht dadurch eine strukturierte Vorgehensweise, um die wichtigsten Projekte zu identifizieren und anschliessend auszuwählen. Ausserdem sind Mechanismen zum effektiven Umgang mit unwichtigen Projekten notwendig.[18] Weitere Hauptaufgaben des IT-PPM sind die Betrachtung der Ausrichtung der IT-Projekte auf die Unternehmensstrategie, die Risikobewertung, die kontinuierliche Überwachung, sowie das Verstehen bzw. das Vereinfachen der Komplexität der Projektvielfalt und deren Abhängigkeiten untereinander.

Durch den Einsatz von IT-PPM verspricht Cubeles-Màrquez u.a. folgende Vorteile für die Unternehmen und deren IT-Organisationen[19]:

- Maximierung des Return on Investment (ROI) von IT-Projekten durch den Fokus auf hochwertige Projekte
- Transparenz des Auswahlprozesses der Projekte
- Konsolidierung der Projekte und Vermeidung redundanter Projekte durch eine zentrale Übersicht aller Projekte
- Effizienz in der Ressourcenplanung
- Standardisierte Messung und Berichte über die Projekterfüllung

2.2.2 Portfolioframework nach Jenny

Trotz der genannten Vorteile und der aktuellen Relevanz für viele IT-Organisationen befasst sich ein Grossteil der Fachliteratur nur mit einzelnen Methoden und deren Kombination und nur selten mit einem übergreifenden Prozessframework für den Einsatz von IT-PPM. Dennoch soll in der vorliegenden Arbeit ein Framework mit den einzelnen Phasen und Prozessen des IT-PPM vorgestellt werden. Dabei wird das aktuelle Prozessmodell von Bruno Jenny detaillierter betrachtet. Dieses besteht aus den folgenden fünf Hauptprozessen[20]:

- Portfolio-Projektaufnahmeprozess,
- Portfolio-Projektführungsprozess,

---

[17] Vgl. Spizzuco (2007), S. 2.

[18] Vgl. Hughes (2007), S. 1.

[19] Vgl. Cubeles-Marquez (2008), S. 33.

[20] Im folgendem Vgl. Jenny (2009), S. 222 ff.

- Portfolio-Projektabnahmeprozess,
- Projektportfolio-Managementprozess und
- Projektportfolio-Supportprozess.

Diese fünf Prozesse wiederum sind über die drei Portfoliophasen verteilt:

- Aufnahmephase,
- Führungsphase und
- Abschlussphase.

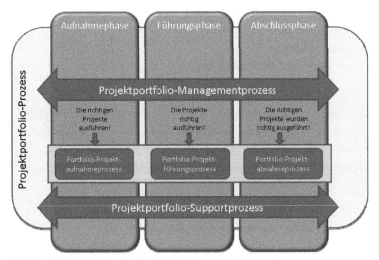

Abbildung 3: IT-PPM Framework nach Jenny
Quelle: Jenny (2009), S.222.

Der **Portfolio-Projektaufnahmeprozess** beschreibt den detaillierten Ablauf für die Aufnahme, sowie Absage von Projektaufträgen und -anträgen. Dabei werden sechs Einzelschritte durchlaufen, um ein transparentes, ausgeglichenes und strategiekonformes Portfolio zu erreichen:

1. Projektantrag bewerten
2. Projekt priorisieren
3. Projektauftrag ausarbeiten
4. Projektauftrag bewerten
5. Projekt priorisieren
6. Masterplan überarbeiten

Der **Portfolio-Projektführungsprozess** dagegen befasst sich mit der Überwachung der einzelnen Projekte des Portfolios. Dabei steht die Überwachung einzelner Kennzahlen, wie u.a. Termin und Budget, deren Soll-Ist-Vergleich, sowie die Koordination daraus resultierender Massnahmen im Vordergrund. Darüber hinaus müssen die Portfolioverantwortlichen auch die kumulierten Werte und die Gesamtwirkung einzelner Abweichungen auf das Portfolio bewerten und entsprechende Massnahmen ableiten.

Nach Abschluss eines Projektes bzw. Lieferung der im Projekt definierten Leistung fokussiert sich der **Portfolio-Projektabnahmeprozess** auf die Überprüfung der geplanten Projektkosten und –ziele mit den tatsächlich angefallenen und umfasst folgende Schritte:

1. Projekterfolgsbericht erstellen
2. Abweichungsanalyse durchführen
3. Projektportfolio- und Strategie-Empfehlung abgeben

Damit ist das Ziel dieses Prozesses, die letztendliche Wirkung eines Projektes und dessen Folgen transparent zu machen, um notwendige Anpassungen an dem Portfolio, sowie der Methoden im Rahmen der kontinuierlichen Verbesserung vorzunehmen.

Der phasenübergreifende **Projektportfolio-Managementprozess** befasst sich dagegen mit den folgenden Fragen:

* Welche Vorhaben sollen realisiert werden?
* Wie können laufende Projekte geführt bzw. unterstützt werden?
* Welchen Effekt haben umgesetzte Projekte auf den Unternehmenserfolg?

Durch die Analyse und Beurteilung vorhandener Projektinformationen stellt dieser Prozess sicher, dass in allen Phasen auf vorhandene Probleme und Risiken reagiert werden kann, die „richtigen" Projektentscheidungen getroffen und diese Entscheidungen und resultierenden Massnahmen an die wichtigsten Stakeholder kommuniziert werden.

Der **Projektportfolio-Supportprozess** unterstützt die einzelnen Portfolioprozesse phasenübergreifend durch administrative Leistungen, wie u.a. der Pflege und Aufbereitung von notwendigen Projektdaten. Ausserdem werden mit Hilfe dieses Prozesses Portfolio- und Projektstandards definiert.

2.2.3 Vereinfachtes IT-PPM Framework

Mit der Einteilung in drei Hauptphasen und fünf Hauptprozesse stellt Jenny ein sehr umfassendes IT-PPM Framework dar, welches wiederum verschiedenste Methoden innerhalb der einzelnen Phasen und Prozesse kapselt. Betrachtet man dieses Framework aus einer tätigkeitsorientierten, und nicht prozessorientierten Sichtweise findet das folgende erstellte IT-PPM Framework Anwendung.

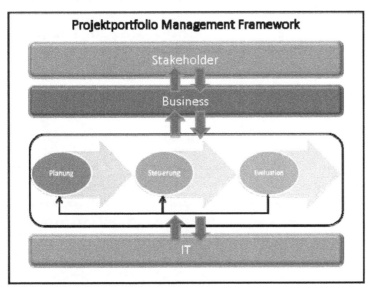

Abbildung 4: Tätigkeitsorientiertes IT-PPM Framework
Quelle: Eigene Erstellung.

In diesem Framework sind alle beeinflussenden Parteien einer Unternehmung, wie die verschiedenen Stakeholder des Unternehmens, die verschiedenen Unternehmensgeschäftsbereiche, sowie die IT als Beteiligte an dem IT-PPM dargestellt. Ausgehend von den Stakeholdern einer Unternehmung und deren Bedürfnisse erstellt ein Unternehmen eine Strategie, welche wiederum innerhalb der IT spezifisch umgesetzt wird. Darüber hinaus werden durch die Interaktion zwischen den Stakeholdern und den Geschäftsfeldern Erwartungen festgestellt, welche wiederum Leistungen von der IT erfordern. Die Koordination ausgehend von der Bewertung, der Selektion und der anschliessenden Entscheidung über die Umsetzung der Erwartungen erfolgt in der dargestellten Planungsphase des IT-PPMs. Die Überwachung und Kontrolle der Umsetzung erfolgt in der Steuerungsphase. Innerhalb der Phase Evaluation werden abschliessend die Projektergebnisse analysiert, verglichen mit den Soll-Werten und anschliessend gefundenes Verbesserungspotential im Sinne eines kontinuierlichen Verbesserungsprozesses in die Methoden und Vorgehensweisen der Planungs- und Steuerungsphase übernommen. Einzelne Methoden der IT-PPM Phasen werden im folgenden Kapitel näher betrachtet.

2.3 Phasen des IT-PPM Frameworks

2.3.1 Die Planungsphase

Die Planungsphase ist die entscheidende Basis für das weitere Vorgehen und dessen Erfolg im IT-PPM. Hier werden die „richtigen" Projekte nach tiefgründiger Analyse und Bewertung kategorisiert, priorisiert und abschliessend für das Portfolio unter Berücksichtung der Ressourcenrestriktionen ausgewählt.

Nach Jenny beinhaltet die Planungsphase des IT-PPMs folgende Hauptaktivitäten:[21]

- Bewerten
- Entscheiden
- Einplanen

Damit in einem späteren Schritt die Projektpriorisierung erfolgen kann, müssen sämtliche Projektideen in strukturierter Form z.B. als Projektantrag vorliegen. Darüber hinaus sind im Vorfeld alle entscheidungsrelevanten Bewertungskriterien zu definieren, um sicherzustellen, dass alle Projektvorhaben mit demselben Maßstab bewertet werden können. Hierbei ist zu beachten, dass die Qualität (Vollständigkeit, Plausibilität etc.) der Projektanträge ausreichend hoch ist, um eine Bewertung anhand von festgelegten Kriterien zu ermöglichen.[22] Zur ausgewogenen Gestaltung der Projektlandschaft ist es erforderlich, dass die Projekte hinsichtlich verschiedener Kriterien bewertet werden. Nur eine multikriterielle Bewertung als Grundlage für die Projektselektion ermöglicht die Schaffung eines langfristig erfolgreichen Projektportfolios. Hierbei ist zu beachten, dass die Wahl der entscheidungsrelevanten Bewertungskriterien von der Art der Projekte abhängig sein kann.[23]

Für die Bewertung der Projekte kommen dabei quantitative und qualitative Kriterien zum Einsatz. Erstere sind messbar, erfordern jedoch einen höheren Aufwand bei der praktischen Umsetzung. Somit ist es nicht verwunderlich, dass laut einer Studie der META Group 70% der 2.000 weltweit führenden Unternehmen nur eindimensionale Kriterien, wie u.a. Return on Investment, zur Quantifizierung des Wertbeitrags der Projekte verwenden.[24] Die qualitativen Kriterien dagegen sind meist unternehmensspezifisch und bewerten z.B. die Ausrichtung der Projekte auf die Unternehmensstrategie. Die Vielzahl von Methoden und Instrumenten zur Ermittlung des strategischen Werts von Projekten erweckt

---

[21] Vgl. Jenny (2009), S. 231 ff.

[22] Vgl. Lappe / Eikelmann / Campana / Schott (2008), S. 154.

[23] Vgl. Eßeling (2008), S. 112.

[24] Vgl. META Group (2002), S. 5.

den Eindruck, dass das Bewertungsergebnis stark subjektiv und teilweise intuitiv abgeleitet wurde.[25] Um eine ganzheitliche Betrachtung zu gewährleisten, sind sowohl quantitative als auch qualitative Kriterien zu berücksichtigen.[26] Für die initiale Bewertung der Projekte zeigt Jenny folgende Bewertungsaspekte, welche er in wirkungs- und abwicklungsorientierte Aspekte unterscheidet, auf:

Tabelle 1: Bewertungsaspekte
Quelle: Jenny (2009), S. 233.

Wirkungsorientierte Aspekte	Abwicklungsorientierte Aspekte
Strategiebeitrag	Abwicklungsrisiko
Architekturbeitrag	Abwicklungskomplexität
Betriebsbeitrag	Ressourcenbedarf
Wirtschaftlichkeit	Mitarbeiterbelastungsgrad
Unternehmensrisiko	Zeitliche Projektabwicklung
Organisatorische Veränderung	Projektabhängigkeiten

Unter den wirkungsorientierten Aspekten sind dabei projektproduktspezifische Faktoren, welche auf die Produkterstellung gerichtet sind, zu verstehen. Im Gegensatz dazu richten sich die abwicklungsorientierten Aspekte auf die Projektabwicklung. Bei jedem dieser Aspekte werden differenziert verschiedene Bereiche betrachtet. So wird bei der Bewertung des Strategiebeitrages ein Projekt auf die verschiedenen strategischen Unternehmensziele analysiert und bewertet. Bei der Bewertung der Wirtschaftlichkeit kommen mathematische Methoden, wie u.a. Kostenvergleichs- sowie Amortisationsrechnungen oder auch die Kapitalwertmethode, zur Berechnung der Kosten und des Ertrags zum Einsatz. Neben der Betrachtung des Wertbeitrags eines Projektes ist die Analyse des Risikos ein wesentlicher Bestandteil der Bewertungsaktivitäten.[27] Diese Messung muss zum einem für Einzelprojekte berechenbar, sowie eindeutig interpretierbar sein und zum anderen muss die Interpretierbarkeit der Einzelrisiken im Zusammenhang auf das Gesamtportfoliorisiko gegeben sein.[28] Diese Ermittlung des Risikos erfolgt durch die Bestimmung des projektartspezifischen Ausgangsrisikos und der individuellen Anpassung durch spezifische Risikoparameter, wie u.a. der Projektreichweite, der Projektgruppengrösse und dem Projektumfang.[29] Als letzter wesentlicher Faktor der Bewertung ist die Messung der Projektabhängigkeiten zu sehen. Diese Abhängigkeiten werden in Investitionszusammenhänge und Innovations- und Integrationszusammenhänge unterteilt. Unter den Investitionszusammenhängen ein-

---

[25] Vgl. Eßeling (2008), S. 111.

[26] Vgl. Steinle / Eßeling / Mach (2008), S. 140.

[27] Vgl. Jenny (2009), S. 233 ff.

[28] Vgl. Wehrmann / Heinrich / Seifert (2006), S. 235.

[29] Vgl. Müller et al (ohne Datum), S. 21 ff.

zelner Projekte versteht man dabei zeitpunktbezogene Abhängigkeiten zu strukturellen oder ressourcenorientierten Faktoren. Innovations- und Integrationszusammenhänge sind intertemporal und bestehen, wenn die Ausführung eines Projektes die Realisierung eines anderen erfordert.[30] Nach erfolgreicher Bewertung der einzelnen Projekte hinsichtlich der aufgezeigten Aspekte müssen die erhaltenen Einzelwerte der Projekte portfolioweit verglichen werden, um anschliessend eine Priorisierung durchführen zu können. Diese Projektpriorisierung hat eine besondere Bedeutung innerhalb der Teilphase „**Entscheiden**", da sie die Entscheidungsgrundlage über die Realisierung der einzelnen Projektvorhaben, sowie der Ressourcenzuteilung darstellt. Durch den Priorisierungsprozess soll das Projektportfolio optimiert werden, d.h. mit den ausgewählten Projekten soll ein möglichst hoher Wertbeitrag zur Erreichung der Unternehmensziele generiert werden.[31] Die aufgeführten Kriterien zur Projektbewertung lassen sich im Sinne einer Entscheidungsvorbereitung mit verschiedenen Methoden operationalisieren. In der Literatur wird eine Fülle an Methoden beschrieben. Grundsätzlich sollen Bewertungsverfahren eine weitgehend widerspruchsfreie, vergleichbare und sachlich zutreffende Bewertung von Projektideen und Projekten ermöglichen.[32] In der Literatur finden sich unterschiedliche Kategorisierungen von Methoden zur Projektbewertung. Die unterschiedlichen Bewertungsmethoden können dabei in drei Typen eingeteilt werden.[33]

Tabelle 2: Bewertungsmethoden zur Projektpriorisierung

Bewertungsmethoden zu Priorisierung von Projekten		
Eindimensionale Bewertungsmethoden	Komparative Bewertungsmethoden	Mehrdimensionale Bewertungsmethoden
Amortisationsdauer	AHP	Checklisten
Entscheidungsbäume	Lineare Programmierung	Portfolio-Modelle
Expected Commercial Value	Paarvergleiche	Scoring-Modelle
Interner Zinsfluß	Q-Sort	Simulationsmodelle
Kapitalwert (NPV)		
Optionspreisbewertung		
Productivity Index		
Projekt-ROI		
Restkosten-Rentabilität		
Risikoananlysen		
Sensitivitätsanalyse		

---

[30] Vgl. Wehrmann / Heinrich / Seifert (2006), S. 235.
[31] Vgl. Steinle / Eßeling / Mach (2008), S. 137.
[32] Vgl. Eßeling (2008), S. 112.
[33] Vgl. hierzu Kunz (2007), S. 125.

Die eindimensionalen Bewertungsmethoden sind auf eine monetäre Bewertung ausgerichtet. Komparative Bewertungsmethoden unterstützen methodisch den Vergleich von Projekten, wohingegen mehrdimensionale Methoden vorrangig qualitative Bewertungskriterien berücksichtigen.[34]

Das Ergebnis der Priorisierung ist letztendlich die Projektabwicklungsreihenfolge, welche basierend auf den Projektcharakteristiken, Projektklassen und Projektdringlichkeiten festgelegt wurde.[35] Abschliessend werden die Projekte ausgehend von dem erstellten Projektabwicklungsplan in einen Masterplan **eingeplant**, welcher aus mehreren Subplänen, wie dem Entwicklungs-, Finanzmittel-, Personalmittel- und Betriebsmittelplan besteht. Die Zusammenfassung dieses Masterplanes stellt die Projektportfolio-Liste dar.[36]

Projektname	Projektdauer Plan Start / IST Start	Plan Abschl. / Prog. Abschl.	Priorität berechnet	manuell	Status Projektphase		Personentage budgetiert	freigegeben	IST	Abweichung	Kosten budgetiert	freigegeben	IST	Abweichung	Aus Projektauftrag Risiograd	Projektklasse	Dringlichkeit
Projekt A	05.01.2009 / 05.01.2009	28.09.2012 / 30.11.2012	2	2	laufend	I	10000	10000	0	0%	16Mio	16Mio	0	0	2.3	A	2
Projekt B	07.01.2008 / 04.02.2008	20.12.2013 / 31.01.2014	3	5	laufend	K	7400	7400	1850	+4%	9.7Mio	9.7Mio	2.8Mio	+0.8Mio	2.6	A	3
Projekt C	05.07.2008	25.07.2014	4	3	geplant		7000	0	0	0	11.5Mio	0	0	0	1	B	2

Abbildung 5: Projektportfolio-Liste
Quelle: Jenny (2009), S.251.

Die Aktivität des Einplanens der Projekte stellt das Ende der Planungsphase dar. Diese Phase mit der Gesamtheit ihrer Aktivitäten und der dazu zur Verfügung stehenden Methoden ist somit ein zentraler Bestandteil des IT-PPM. Durch eine strukturierte Vorgehensweise wird damit der Grundstein für den Erfolg der anschliessenden Phasen gelegt. Ähnlich wie in der Analysephase der Softwareentwicklung können durch einen gezielten Fokus auf eine optimale Planungsphase weitgehend positive Effekte, sowie eine Reduzierung des Aufwands in den weiteren Phasen erzielt werden. Da im heutigen Praxisumfeld die Potentiale dieser Phase weiterhin nicht vollständig ausgeschöpft werden, konzentriert sich diese Arbeit in den weiteren Kapiteln auf die Planungsphase des IT-PPM. Dennoch sollen auch die beiden anderen Phasen „Steuerung" und „Evaluation" in den nächsten beiden Kapiteln überblickartig vorgestellt werden.

2.3.2 Die Steuerungsphase

Nachdem die Planungsphase erfolgreich mit der Festlegung der „richtigen" Projekte und der Einplanung dieser in das Projektportfolio abgeschlossen ist, beginnt die Steuerungsphase. Diese weist das

---

[34] Vgl. Kunz (2007), S. 125 ff.
[35] Vgl. Jenny (2009), S. 247 ff.
[36] Vgl. Jenny (2009), S. 250 f.

Prüfen und Überwachen, sowie die fortwährende Analyse der durchzuführenden Projekte und die Ausführung notwendiger Korrekturmassnahmen als Hauptaktivitäten auf. Die Sicherstellung der Fertigstellung der gewünschten Ergebnisse zur geplanten Zeit ist damit das Hauptziel dieser Phase.[37] Nach Jenny gibt es für die Prüfung in der Realisierungsphase der Projekte drei wesentliche Ansätze:[38]

- Verhaltensorientierte Prüfung,
- Direkt ergebnisorientierte Prüfung, und
- Indirekt ergebnisorientierte Prüfung.

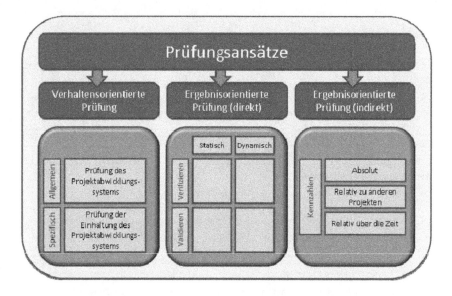

Abbildung 6: Prüfungsansätze
Quelle: Jenny (2009), S. 256.

Die verhaltensorientierte Prüfung prüft zum einem die Funktionsfähigkeit des Projektmanagementsystems, sowie stellt sie zum anderen sicher, dass die definierten Standards und Richtlinien eingehalten werden. Die direkt ergebnisorientierte Prüfung validiert und verifiziert dagegen die erstellten Lieferobjekte der Projekte. Faktoren wie Kosten und Projektlaufzeit werden indirekt, entweder relativ, in Relation zu anderen Projekten oder in Relation über die Zeit in der indirekt ergebnisorientierten Prüfung untersucht.

---

[37] Vgl. Tiemeyer (2008), S. 49.
[38] Vgl. im folgenden Jenny (2009), S. 256 ff.

Mithilfe des Projektportfolio-Monitorings wird jedes Einzelprojekt hinsichtlich der effektiv zu erbringenden Leistung überwacht. Dabei können drei verschiedene Überwachungsziele abgegrenzt werden:

- Überwachung der Projektabwicklung,
- Überwachung des Projektportfolios und
- Überwachung der Strategieverfolgung.

Die Hauptaufgabe der **Projektabwicklungsüberwachung** ist der Vergleich der IST- und Planwerte der einzelnen Projekte. Die hierfür notwendigen Daten müssen von den Projektleitern zur Verfügung gestellt werden. Hierbei werden die folgenden Daten fortlaufend oder zu festgelegten Zeitpunkten im Rahmen eines Projektstatusberichtes betrachtet:

- Risiko und dessen Auswirkung auf Projekterfolgskomponenten,
- Leistungserstellung und Erfüllungsgrade der Arbeitspakete,
- Qualität der Lieferobjekte,
- Zeit bezüglich der Einhaltung der Meilensteine,
- Ressourcenverbrauch,
- Kosten und
- Projektabhängigkeiten.

Für die effiziente Kontrolle der Projektfortschritte werden vielfältige Projekt-Cockpits eingesetzt, um den aktuellen Status der einzelnen Projekte transparent zu machen. Um diese Daten projektübergreifend und damit für das gesamte Projektportfolio ersichtlich zu machen, werden diese Einzeldaten auf Portfolioebene aggregiert und dienen somit als Basis für die **Projektportfolioüberwachung**. Als Ergänzung zu der Überwachung der Projektabwicklung und des Portfolios muss des Weiteren regelmässig die Verfolgung und Erreichung der festgelegten strategischen Ziele überprüft werden, sowie notwendige korrigierende Eingriffe vorgenommen werden.

Neben dieser Überwachung und dem Vergleich der verschiedensten Einzelfaktoren müssen diese projektübergreifend hinsichtlich ihrer Auswirkungen analysiert werden. Terminliche Abweichungen eines Projektes können Verzögerungen eines anderen Projektes nach sich ziehen. Des Weiteren bedarf der Ressourceneinsatz einer kontinuierlichen Optimierung, um die Ressourcen effektiv für die verschiedenen Projekte eines Portfolios einzusetzen. Auch die Kosten und deren zukünftige Entwicklung sind ein wesentlicher Bestandteil dieser Analysen.

Die Steuerungsphase kontrolliert somit ständig den Projektfortschritt, die Einhaltung der Meilensteine und der Kosten, sowie prüft kontinuierlich die Projektabhängigkeiten und Projektprioritäten, um durch etwaige Einflüsse, wie Strategie- oder Prioritätenänderungen pro-aktiv bzw. zeitnah Anpassungen an einem Projektportfolio vornehmen zu können. Diese Entscheidungen, sowie zusätzlich das Stoppen von ineffizienten Projekten ist die zentrale Aufgabe des Portfolio-Boards eines Unternehmens.

2.3.3 Die Evaluationsphase

„59% of companies regularly calculate the return on investment of IT projects before making an investment decision, but only 25% measure the realized ROI after a project's completion"[39] Diese Aussage klingt realistisch, da viele Unternehmen die knappen Projektressourcen sofort nach Projektbeendigung und damit dem Ende der Steuerungsphase abziehen und auf neue Projekte zuteilen. Somit werden oftmals die Erfolgsmessung und die detaillierte Analyse der Projektabwicklung vernachlässigt. Ohne diese Analyse und Betrachtung der Erfolge und Misserfolge gibt es keine Möglichkeit Schlüsse für die kontinuierliche Verbesserung der Projektabwicklung, sowie der Phasen des IT-PPMs zu ziehen und damit notwendige Korrekturen in der anfänglichen Bewertung der Projekte z.B. hinsichtlich des Risikos oder der Priorität durchzuführen. Demnach ist auch die Evaluationsphase für das IT-PPM und dessen langfristiger Weiterentwicklung, sowie Akzeptanz im Unternehmen von besonderer Bedeutung.

Die Evaluation hat den folgenden Fokus:

- Analyse und Bewertung der Projektabwicklung und der projektbezogenen Inhalte
- Analyse und Bewertung der projektübergreifenden Prozesse und der Portfolioabwicklung
- Einleiten von Massnahmen zur kontinuierlichen Verbesserung basierend auf den durchgeführten Analysen und Bewertungen

Hinsichtlich der **Analyse und Bewertung der Projektabwicklung und der projektbezogenen Inhalte** kann man auf die im vorherigen Kapitel aufgezeigten drei Prüfungsansätze zurückgreifen, um detaillierte Aussagen zum einem über das Projektabwicklungssystem, sowie zum anderen über die ergebnisorientierten Faktoren herausstellen zu können. Eine Abweichungsanalyse ist Kernbestandteil dieser Aktivitäten. Darüber hinaus gibt es das Bewertungsmodell „Project-Excellence-Model" der IPMA[40], welches für die ausführliche Bewertung einzelner Projekte und dessen Beteiligte zur Verfügung steht. Dabei werden zwei Beurteilungsbereiche „Projektmanagement" und „Projektergebnisse" unterschieden und bezüglich verschiedener Kriterien, wie z.B. Ergebnisse, Führung, Zufriedenheit und Prozesse, bewertet, um das Projektmanagementsystem langfristig zu einem effizienten und professionellen Instrument zu entwickeln. Dieses Modell ist in der folgenden Abbildung dargestellt.[41]

---

[39] Jeffery / Leliveld (2004), S. 42.

[40] IPMA = International Project Management Association.

[41] Vgl. Jenny (2009), S. 835 ff.

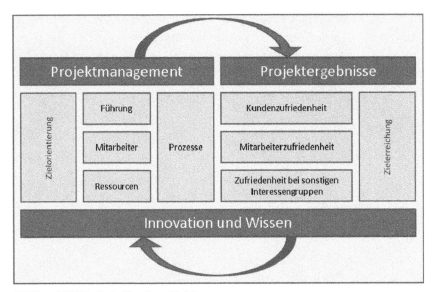

Abbildung 7: IPMA - Project Excellence Model
Quelle: GPM Deutsche Gesellschaft für Projektmanagement e.V. (2008), S. 5.

Die daraus gewonnenen Informationen dienen im Weiteren als Grundlage für die Bewertung der **projektübergreifenden Prozesse, sowie der Portfolioabwicklung.** Hierbei wird gezielt versucht, Optimierungspotential einzelner Portfolioprozesse innerhalb der Planungs- und der Steuerungsphase zu identifizieren und anschliessend zu optimieren. Dies können zum einem Fehler innerhalb der Projektbewertungs- und der Projektpriorisierungsprozesse oder zum anderen auch Probleme hinsichtlich der Einplanung einzelner Projekte in den Projektabwicklungsplan und der dazugehörigen Ressourcenallokation sein. Ausserdem können Fehlentscheidungen Ursache von fehlerhaften Überwachungsdaten innerhalb der Steuerungsphase sein.

Basierend auf den identifizierten Verbesserungspotentialen aus projekt- und portfoliobezogenen Analysen müssen anschliessend **Massnahmen** für die Optimierung und damit für eine Realisierung der gefunden Potentiale eingeleitet werden, um dadurch eine kontinuierliche Verbesserung des IT-PPM in einem Unternehmen zu erreichen. Dies betrifft zum einem Anpassungen innerhalb der Projektabwicklung, sowie zum anderen die Verbesserung der existierenden Portfolioprozesse und Unterstützungsinstrumente. Dabei liegt ein besonderer Fokus auf der Optimierung der Projektbewertung und – priorisierung während der Planungsphase, und der fortwährenden Anpassung der Überwachungsinstrumente in der Steuerungsphase.

Da sich anhaltend Projekte in der Planung und Ausführung befinden und somit fortlaufend das Projektportfolio angepasst wird, werden die beschriebenen IT-PPM Prozesse innerhalb der einzelnen Phasen fortwährend durchlaufen und stellen somit iterative Prozesse dar, welche eine kontinuierliche Anpassung benötigen.

3   Praktischer Ansatz zur IT-Projektportfolio-Planung

Nachfolgend werden anhand eines Fallbeispiels die unterschiedlichen Ausprägungen der IT-Projektportfolio-Planungsphase dargestellt, sowie die Kriterien- und Methodenanwendung erläutert. Darüber hinaus wird im nachfolgenden Kapitel auf die mit den Ansätzen gemachten Erfahrungen im Beispielunternehmen eingegangen, um die Frage zu erörtern, inwieweit sich diese Ansätze bewährt haben.

Multinationaler Industriekonzern: Die Coca-Cola Erfrischungsgetränke AG (CCE AG) mit Sitz in Berlin besitzt als Abfüller das Recht, Markenprodukte der „The Coca-Cola Company (TCCC)" zu produzieren und diese innerhalb des eigenen Konzessionsgebietes zu vertreiben. Bis 2007 verfügte die CCE AG über einen Marktanteil von 80% in Deutschland. Seit 2007 ist die CCE AG als einziger nationaler Konzessionär für die Abfüllung und den Vertrieb von Coca-Cola Markenprodukten in Deutschland verantwortlich. Insgesamt sind heute ca. 12.000 Mitarbeiter für das Unternehmen an 80 Standorten deutschlandweit tätig. Gegründet wurde die CCE AG im September 1996 und ist seit Ende 2006 hundertprozentige Tochter der TCCC. Die CCE AG verkauft in Deutschland knapp 3,5 Milliarden Liter Getränke.[42] Nachfolgende Beweggründe waren ausschlaggebend für die Einführung des IT-PPM bei der CCE AG im Jahre 2004:

- Durch kontinuierliche Effizienzverbesserungs-Maßnahmen und „Lean-Process" Programme wurden die internen, für Projekte zur Verfügung stehenden Ressourcen drastisch reduziert. Der Wandel von Geschäft und Unternehmen, die schnellen Neuerungen und Veränderungen beanspruchen die knappen Ressourcen stärker als zuvor. Eine zuverlässige Übersicht über Vorhaben und Ressourceneinsatz ist unabdingbar. Dabei zählt weniger das einzelne Projekt, sondern vielmehr die Fähigkeit, Ressourcen projektübergreifend einzusetzen und Synergien zu nutzen.
- Um die knappen Ressourcen den „richtigen" Projekten zuordnen zu können, ist ein an der Unternehmensstrategie ausgerichteter Projektpriorisierungsprozess unverzichtbar.
- Bis zur Einführung des vorgeschriebenen Standardprozesses zur Projektpriorisierung wurden nicht die Projekte umgesetzt, die für das Gesamtunternehmen am wichtigsten waren, sondern die Projekte, die über den durchsetzungsfähigsten internen Sponsor verfügten. Dem Prozess kommt daher eine entscheidende Bedeutung auf der strategischen Ebene zu. Er sorgt für die „richtige" Passung zwischen Unternehmenszielen und Projekten und trägt damit zum Unternehmenserfolg bei.[43]

---

[42] Vgl. http://www.cceag.de.
[43] Vgl. Wieder (2007), S. 1.

Im Folgenden wird auf die einzelnen Prozessschritte der IT-Projektpriorisierung bei der CCE AG näher eingegangen.

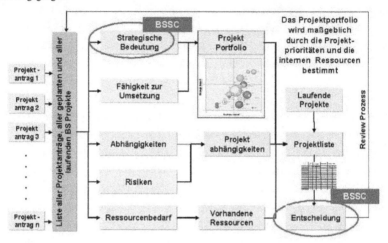

Abbildung 8: Der Projektpriorisierungsprozess bei der CCE AG
Quelle: Wieder (2007), S. 3.

Zu Beginn des Priorisierungsprozesses sind sowohl die für jedes Projektportfolio entscheidenden Bewertungskriterien als auch die Bewertungsmethoden festzulegen. Als **Kriterien für die Projektbewertung** konkurrierender Projekte kommen bei der CCE AG folgende Ausprägungen zur Anwendung[44]:

Tabelle 3: Muss-Kriterien für die Projektbewertung

Kriterien zur Projektbewertung bei der CCE AG im Jahr 2006	
Muss-Projekte	**Nicht Muss-Projekte**
1. Gesetzliche / rechtliche / Audit - Bestimmungen	1. Operatives Nutzenpotential
2. Getroffene Vereinbarungen mit den Mitbestimmungsgremien (Sozialpartner)	2. Risikopotential bei Nichtdurchführung
3. Technische Notwendigkeiten	3. Integration von anderen Abfüllunternehmen
4. Geschäftsprozess notwendig	4. Grundlage für andere Projekte
	5. Strategischer Fit
	6. Ressourcenverfügbarkeit interner Mitarbeiter

---

[44] Vgl. Wieder (2007), S. 4ff.

So genannte Muss-Projekte sind aufgrund von gesetzlichen Vorgaben bzw. starkem Wettbewerbs-
druck zwingend erforderlich und müssen in jedem Fall innerhalb des Projektportfolio berücksichtigt
werden. Die Berücksichtigung dieser Projekte ist unabdingbar, da die Folgen einer Nichtdurchführung
für die CCE AG kurz- oder langfristig existenzbedrohend sind.[45] Nicht Muss-Projekte erscheinen hin-
gegen als dringend empfehlenswert und werden wie folgt beschrieben:

Tabelle 4: Kriterien für die Projektbewertung

Kriterien zur Projektbewertung bei der CCE AG im Jahr 2006	
Nicht Muss-Projekte	**Beschreibung der Kriterien**
1. Operatives Nutzenpo-tential	Was bringt das Projekt an harten Benefits. Hierzu zählen Einsparun-gen in den Bereichen Kosten und Headcount nach Projektabschluss (in Euro auf Basis des Business Case).
2. Risikopotential bei Nichtdurchführung	Welches Risikopotential hängt am Projekt, wenn es nicht in diesem Jahr durchgeführt wird?
3. Integration von anderen Abfüllunternehmen	Erleichtert die Umsetzung des Projektes die Integration eines Abfüll-unternehmens in die CCE AG?
4. Grundlage für andere Projekte	Projekte sind voneinander abhängig. Technisch gelagerte Projekte können die notwendige Grundlage für ein nutzenorientiertes Projekt sein.
5. Strategischer Fit	Vom Vorstand definierte und kommunizierte strategische Ziele.
6. Ressourcenverfügbarkeit interner Mitarbeiter	Kriterium sorgt dafür, dass kleine Projekte mit geringem internem Ressourcenbedarf schnell realisiert werden können.

Die aufgeführten Kriterien zur Projektbewertung werden zentral von der Abteilung Corporate Relations entwickelt. Abhängig von der strategischen Ausrichtung oder der aktuellen Geschäftslage können
die Kriterien jährlich angepasst bzw. neu gewichtet werden. Um die Komplexität bei der Bewertung
nicht unnötig zu erhöhen, sind mehr als sechs Kriterien nicht zielführend.[46]

---

[45] Vgl. Wieder (2007), S. 4.
[46] Vgl. Wieder (2007), S. 5.

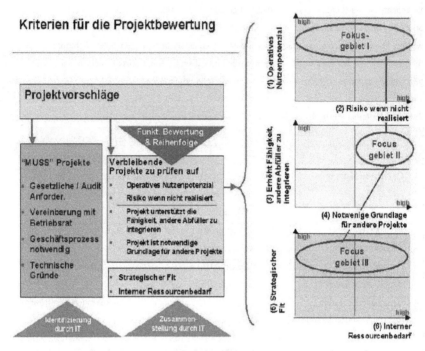

Abbildung 9: Kriterien für die Projektpriorisierung bei der CCE AG
Quelle: Wieder (2007), S. 5.

Um die Anzahl der durchzuführenden Nicht-Muss-Projekte innerhalb des Budgetzeitraums zu ermitteln, bewertet ein Vertreter des jeweils Projektbeantragenden Fachbereichs seine Projekte gemeinsam
mit der Abteilung Corporate Relations anhand der sechs Kriterien. Je nach Kriterium können zwischen
einem und zehn Punkte vergeben werden. Die Werte für die ersten fünf Kriterien werden summiert
und der Wert für das sechste Kriterium wird vom Ergebnis abgezogen. Als Ergebnis entsteht so für
jedes Projekt ein **Scorewert (Bewertungsmethode)**, der ein erstes Entscheidungskriterium für die
Priorisierung darstellt. Zur Auswertung der erhobenen Daten innerhalb der Projektbewertungsphase
findet ein Tool auf Basis von MS Excel Anwendung.[47]

Neben der Bewertung durch den Fachbereich und die korrektive Überwachung durch Corporate Relations, schätzt der IT Bereich die zur Projektrealisierung notwendigen Ressourcen für das jeweilige
Projekt. Hierzu bestimmt der IT Bereich die internen Personentage pro IT-Fachabteilung als auch die

---

[47] Vgl. Wieder (2007), S. 6.

Personentage für die Fachbereiche. Für gewöhnlich übertrifft die Summe aus allen Projekten die verfügbaren **vorhandenen Ressourcen** in der Regel um einen Faktor 2 bis 3.[48]

In einem gemeinsamen **Abstimmungsmeeting** unter Beteiligung der Fachabteilungen der IT sowie den Fachbereichen werden die Projekte auf Basis der Scorewerte und der realistisch zur Verfügung stehenden internen Ressourcen abgeglichen und vorpriorisiert. Die somit ermittelte Scorewertliste wird quartalsweise dem so genannten Business Systems Steering Committee (BSSC) vorgestellt, welches sich aus dem Gesamtvorstand, einem Geschäftsleiter und dm CIO zusammensetzt. Die Vorbereitung und Moderation dieses Gremium obliegt der Abteilung Corporate Relations.[49]

---

[48] Vgl. Wieder (2007), S. 6.
[49] Vgl. Wieder (2007), S. 3.

4   Konzeption eines effizienten Ansatzes zur IT-PPM-Planung

4.1   Analyse des praktischen Ansatzes zur IT-PPM-Planung

Das Beispiel der CCE AG zeigt eine Möglichkeit der Durchführung eines Projektpriorisierungsprozess in der betrieblichen Praxis. Vielmehr zeigt es auch, dass sich ein „gutes" Priorisierungssystem durch folgende Eigenschaften auszeichnet[50]:

- Es ist transparent und von allen Beteiligten nachvollziehbar
- Es wird konsequent umgesetzt und „gelebt"

Soll ein Projektselektions- bzw. Priorisierungsprozess eingeführt werden, so sind **einfache und klare Prozesse** innerhalb des Unternehmens zu etablieren. Entscheidend ist, dass diese Prozesse unternehmensweit zum Einsatz kommen und akzeptiert werden.[51] Das „Leben" eines solchen Projektpriorisierungs-Prozesses hat nur dann Aussicht auf Erfolg, wenn das Top-Management keine Projektvorhaben außerhalb des Prozesses „durchwinkt". Werden Freigabeentscheidungen nicht auf Grundlage der vorher vereinbarten bzw. festgelegten Priorisierungskriterien vergeben, wird das Priorisierungssystem in Frage gestellt.[52] Daher sollte das Top-Management das Anliegen nach einer strukturierten Projektselektion unterstützen. Bei der CCE AG kommt der Abteilung Corporate Relations, als zentraler Instanz innerhalb des Priorisierungsprozesses, eine wichtige Rolle zu, welche sie nur durch die konsequente **Unterstützung des Top-Managements** ausüben kann.[53]

Darüber hinaus sollten bei der Durchführung eines Projektpriorisierungsprozesses einige **Grundregeln** eingehalten werden.

Eine theoretische Bewertung aller Projekte im Unternehmen setzt in einem ersten Schritt eine lückenlose Erfassung der Projekte innerhalb der so genannten Phase der Datenerfassung bzw. des **Pre-Screening** voraus. Bevor alle Projekte in den Priorisierungsprozess einbezogen werden können, müssen sie in der Pre-Screening Phase unterschiedliche inhaltliche Anforderungen erfüllen. Um den grundsätzlich positiven Beitrag eines Projektes herauszustellen, sollte schon zu Beginn einer Projektbeauftragung der Fokus auf die wirtschaftliche Ausprägung eines Projektes aus monetärer Sicht ge-

---

[50] Vgl. Lappe / Eikelmann / Campana / Schott (2008), S. 163.

[51] Vgl. Dammer / Gemünden (2005), S. 3.

[52] Vgl. Lappe / Eikelmann / Campana / Schott (2008), S. 164.

[53] Vgl. Wieder (2007), S. 7.

lenkt werden.[54] Hierzu ist bereits bei der Projektbeauftragung die Erstellung eines **Business Case** zielführend. Diese Kosten-Nutzen-Betrachtung auf Basis einer groben Lösungskonzeption findet auch bei der CCE AG Anwendung und ist als positiver Aspekt hervorzuheben.[55] Die ersten Prüfungsschritte innerhalb dieser Phase stellen sicher, dass ausschließlich Projekte mit Erfolgsaussichten in der Priorisierungsprozess geleitet werden.[56]

Zudem ist es innerhalb der Pre-Screening Phase ratsam, eine **Mindestgröße für Projekte** eines Portfolios festzulegen. Projekte, die diese Mindestgröße, z.b. definiert als das Gesamtbudget eines Projektes nicht erreichen, können somit gar nicht innerhalb der nächsten Phasen berücksichtigt werden, da der angenommene strategische Nutzen für das Unternehmen zu gering ist. Eine Möglichkeit, diese Projekte trotzdem zu berücksichtigen, besteht darin, sie als Sammelposten innerhalb des Priorisierungsprozesses zu belassen und im weiteren Vorgehen als Projektgruppe zu betrachten.[57] Die Festlegung einer Mindestgröße für Projekte findet bei der CCE AG bisher keine Anwendung und könnte im Sinne eines Verbesserungsvorschlags aufgeführt werden.

Grundsätzlich besteht im Rahmen der Projektbewertung das Problem der **adäquaten Methodenauswahl**. Die Aufgabe der Methoden ist es, eine objektiv nachvollziehbare Priorisierung der einzelnen Projekte zu ermöglichen. Nur eine nachvollziehbare Methode sichert die Akzeptanz der Priorisierungsergebnisse auf allen Hierarchieebenen.[58] Mehrdimensionale Bewertungsmethoden wie Scoring-Modelle oder Portfolio-Modelle sind für die Belange der Projektpriorisierung hervorragend geeignet, da sie vor allem den qualitativ formulierten Kriterien Rechnung tragen und somit im strategischen Kontext Anwendung finden können. Zudem ermöglichen diese Verfahren eine relative Vergleichbarkeit eines Projektportfolios anhand von speziellen Kriterien. Eine zu große Anzahl an unterschiedlichen Bewertungsmethoden ist unbedingt zu vermeiden, da so die effiziente Umsetzung des Vorhabens konterkariert wird.[59] Die Anwendung eines Scoring-Modells, bei dem zunächst spezifische Werte aggregiert und danach grafisch dargestellt werden ist bei der CCE AG als positiv hervorzuheben.

Im Prozessschritt der **Projektbewertung** sollten die unterschiedlichen Projekte zunächst auf Basis von festgelegten Kriterien bewertet und danach in eine vorläufige Rangfolge gebracht werden. Dieser Prozess kommt bei der CCE AG konsequent zur Anwendung. Bei der CCE AG ist vor allem die Unterteilung in MUSS-Kriterien und Nicht-MUSS-Kriterien hervorzuheben. Darüber hinaus ist das eingeführ-

---

[54] Vgl. Kunz (2007), S. 114.

[55] Vgl. Wieder (2007), S. 4.

[56] Vgl. Kunz (2007), S. 114 ff.

[57] Vgl. Kunz (2007), S. 116.

[58] Vgl. Lappe / Eikelmann / Campana / Schott (2008), S. 164.

[59] Vgl. Kunz (2007), S. 126.

te Bewertungssystem ständig mit Hilfe der gesammelten Erkenntnisse weiterzuentwickeln. Hierbei können Erfahrungen in der Anwendung spezifischer Bewertungsverfahren mit der tatsächlichen Projektentwicklung ex post abgeglichen werden und die Schlussfolgerungen für die zukünftige Bewertung genutzt werden.[60] Abhängig von der strategischen Ausrichtung oder der aktuellen Geschäftslage erfolgt eine jährliche Anpassung der Bewertungskriterien bei der CCE AG.[61]

Im Rahmen der Projektbewertung ist stets auf die **Datenqualität** zu achten. Sie bestimmt die Aussagekraft sowie Richtigkeit der Ergebnisse und ist für eine schnelle und fehlerfreie Durchführung der einzelnen Bewertungsmethoden unabdingbar. Die Daten für das Priorisierungsverfahren sollten daher für alle Projektideen in ähnlicher Güte und ausreichender Aktualität vorliegen.[62] Die Installation einer zentralen Instanz wie einem strategischen Project Office (bei CCE AG Abteilung Corporate Relations), die für die Datenqualität sämtlicher Projektanträge zuständig ist, ist in der betrieblichen Praxis zielführend und bei der CCE AG hervorragend gelöst.

Die Bewertung der Projekte stellt aufgrund der zwischen den einzelnen Projekten bestehenden Interdependenzen jedoch noch nicht die endgültige Projektbearbeitungsfolge dar. Im Gegensatz zur Bewertung von Einzelprojekten, die auf den singulären Wert von Projekten abstellt, steht innerhalb der **Interdependenzanalyse** das Beziehungsgeflecht der unterschiedlichen potenziell durchzuführenden Projekte im Mittelpunkt. Die Bedeutung der getrennten Analyse von Projektinterdependenzen wird in der Literatur als sehr hoch eingestuft.[63] Beispielsweise spricht sich Foschiani für die Durchführung einer der Projektbewertung nachgelagerten Interdependenzanalyse aus, um die inhaltlichen Abhängigkeiten der unterschiedlichen Projekte zu ermitteln und so eine Bearbeitungsreihenfolge festzulegen, die wiederum Auswirkungen auf die Projektpriorität haben kann.[64] Die gedankliche Abkopplung der Interdependenzanalyse von der Phase der Einzelprojektbewertung und der prozessualen Anordnung nach der Projektbewertung wird in der Literatur durchgängig empfohlen. Alle in der Literatur vorhandenen Konzepte zur Durchführung einer Interdependenzanalyse berücksichtigen zwei Interdependenztypen:[65]

- Inhaltlich-strategische Interdependenzen
- Ressourcen-Interdependenzen

---

[60] Vgl. Kunz (2007), S. 110 und Lappe / Eikelmann / Campana / Schott (2008), S. 160.

[61] Vgl. Wieder (2007), S. 5.

[62] Vgl. Lappe / Eikelmann / Campana / Schott (2008), S. 164.

[63] Vgl. Kunz (2007), S. 119.

[64] Vgl. Foschiani (1999), S. 131 ff.

[65] Vgl. Kunz (2007), S. 121.

Inhaltlich-strategische Interdependenzen können auf unterschiedliche Weise in Erscheinung treten. Im Umfeld von IT-Projekten ist daran zu denken, dass die Installation von spezifischen IT-Systemen auf die Implementierung eines anderen IT-Systems aufbaut. Diese Abhängigkeiten sind in parallel ablaufenden Projekten denkbar, etwa wenn die Ergebnisse einzelner Arbeitspakete miteinander korrespondieren. In diesem Fall ist auf die Etablierung von adäquaten Datenschnittstellen zwischen den einzelnen Projekten zu achten. Bei Ressourcen-Interdependenzen ist die Abhängigkeit der unterschiedlichen Projekte durch den gleichzeitigen Zugriff auf limitierte Ressourcen begründet.[66]

Ein Best Practice in der Projektselektion ist die Priorisierung neuer Projekte unter Einbezug einer regelmäßigen **Re-Priorisierung** aller laufenden Projekte. Bei der CCE AG setzt sich das Projektportfolio aus den laufenden, den für den Budgetzeitraum geplanten und den neuen Projektvorhaben zusammen. Das zentrale Entscheidungskriterium bei Repriorisierungen im laufenden Budgetjahr ist der Nutzen eines Projektes, ermittelt durch einen Business Case. Eine Betrachtung des Projektportfolios erfolgt im Rahmen des quartalsweise tagenden BSSC. Nach der Vorstellung im Gremium werden die neuen Projektvorschläge mit dem Business Case und Vorschlägen zur Repriorisierung diskutiert und neu entschieden.[67]

4.2 Erarbeitung von Verbesserungsvorschlägen

Ausgehend von den gegenwärtigen Untersuchungen im IT-PPM und der Stärken- und Schwächenanalyse in Kapitel 4.1 werden in diesem Kapitel einige Verbesserungsvorschläge zur Effizienzsteigerung im IT-PPM-Planungs- und Priorisierungsprozess ausgearbeitet. Diese Vorschläge sind beispielhaft erläutert und sind in der nachfolgenden Forschungsarbeit detaillierter auszuarbeiten. Die Verbesserungsvorschläge dienen in dieser Arbeit als Ansatzpunkte für den neuen Modellvorschlag in Kapitel 4.3. Nachstehende Ziele sollen erreicht und verfolgt werden:

- Verbesserung der Vorselektionsphase
- Verkürzung des Hauptselektionsprozesses
- Effektivere Projektselektion und Ausführung der „richtigen" Projekte
- Optimierte Ressourcenauswahl und Projektteamzusammenstellung durch Einbeziehung von interkulturellen Aspekten

---

[66] Vgl. Kunz (2007), S. 122.

[67] Vgl. Wieder (2007), S. 4.

4.2.1 Optimierung der Vorselektionsphase

Durch eine optimierte Vorselektionsphase in unserem neuen Modellvorschlag soll die Durchlaufzeit des Gesamtprozesses verkürzt werden und zusätzlich ein Qualitätsgewinn erzielt werden. Zuerst muss im Unternehmen klar definiert werden, was unter einem IT-Projekt verstanden wird. Momentan wird in der Praxis der Projektbegriff unterschiedlich verwendet und auch in der Theorie existiert keine allgemeingültige Definition des Projektbegriffs.[68] Einen Anhaltspunkt zur Verbesserung dieser Diskrepanz liefert aber die DIN 69901, in der ein Projekt als „Vorhaben, das im Wesentlichen durch Einmaligkeit der Bedingungen in ihrer Gesamtheit gekennzeichnet ist, wie z.b. Zielvorgaben, zeitliche, personelle oder andere Begrenzungen, Abgrenzungen gegenüber anderen Vorhaben und eine projektspezifische Organisation"[69] definiert wird.

Durch eine klare Projektdefinition kann vermieden werden, dass fälschlicherweise als Projekte gekennzeichnete Vorhaben der Antragssteller in den Hauptanalyseprozess gelangen und der Prozess unnötig belastet wird.

Als zusätzliche Massnahme zur strikten Definition und Verankerung eines IT-Projekts im Unternehmen, wird die Vorselektionsphase mit einem Filterprozess erweitert. Dieser vorgelagerte Filterprozess wird aus dem Praxisbeispiel von CCE AG aus der Hauptphase übernommen. Dabei kommen die Bewertungskriterien strategische Bedeutung, Fähigkeit zur Umsetzung und Ressourcenbedarf früher zum Einsatz. Auf den ersten Blick könnte hier ein Mehraufwand im Prozess vermutet werden. Dies wird jedoch dadurch widerlegt, dass durch die geringere Anzahl von IT-Projekten im Hauptauswahlprozess, die Komplexitäten in diesem zeitintensiven Hauptprozess der Planungsphase so stark reduziert werden, so dass infolge dessen im neuen Modellvorschlag schnellere und vor allem effektivere Ergebnisse erzielt werden können.

---

[68] Vgl. Wack (2006), S. 5.

[69] Litke / Kunow (2002), S. 9.

4.2.2 Erweiterung der Selektion um quantitative Methoden

Nach der Umstellung der Vorselektionsphase ergibt sich die Möglichkeit die Hauptbewertungsphase in dem neuen Modellvorschlag mit Hilfe von quantitativen Methoden detailierter zu untersuchen. Die reine Benutzung eines Scoring-Modells, wie im Praxisbeispiel von CCE AG, birgt eine Reihe von Nachteilen, welche es zu kompensieren gilt. Zu den Nachteilen von Scoring-Modellen zählen unter anderem[70]:

- Dominanz von subjektiven Einschätzungen bei der Bewertung
- Nur scheingenaue Bewertung (Handlungsalternativen werden bevorzugt oder Risiken über- bzw. unterschätzt)
- Verlässliche Aussagen über das Gesamtrisiko sind nicht gegeben
- Qualitativ unterschiedliche Risiken erfahren eine gleichartige Bewertung

Ausserdem besteht in der Praxis das Problem, dass für die Bewertung erforderliches Wissen, wie z.B. Chancen, Risiken und Einflussfaktoren über die zur Auswahl stehenden Projekte nur dezentral vorhanden ist. Darüber hinaus wird dieses Wissen nur ungenügend dokumentiert und nicht kommuniziert.[71]

Diese Nachteile von Scoring-Modellen wirken sich insgesamt auch negativ auf die IT-PPM-Planungsphase aus. Der Einsatz von quantitativen Methoden bietet dabei einen Ansatzpunkt, um das Bewertungsverfahren zu verbessern. Hierbei wird auf die in der Theorie behandelten Projektbewertungsmethoden aus Kapitel 2.3.1 eingegangen. In Abhängigkeit der jeweiligen Unternehmensstrategie können z.B. nachfolgende Bewertungsmethoden die subjektiven Einflüsse verringern. Dafür wird exemplarisch ein Vergleich der Bewertungsmethoden dargestellt. Diesen Vergleich gilt es in der Forschungsarbeit auszuarbeiten und auf Anwendbarkeit in der Praxis zu überprüfen. Zielführend ist dabei der in der Theorie behandelte Ansatz von Weymar, welcher zwischen Parametrisierungsklassen (niedrig, mittel, hoch) und zwischen den Indikatoren Ganzheitlichkeit, Flexibilität und strategische Reichweite unterscheidet.

---

[70] Vgl. Fiege (2006), S. 183.
[71] Vgl. Fiege (2006), S. 185.

Indikator		Indikatorbeschreibung	Parametrierung	Netzplantechnik			Portfolio Analyse			Szenario Technik		
				niedrig	mittel	hoch	niedrig	mittel	hoch	niedrig	mittel	hoch
Ganzheitlichkeit	Zielebene	Unternehmensbezogener Zielhorizont des Instruments	niedrig: Subziele mittel: aggregierte Ziele hoch: hoch aggregierte Ziele									
	Zeitebene	Unternehmerischer Zeithorizont des Instruments	niedrig: kurzfristig mittel: mittelfristig hoch: langfristig									
	Planungsebene	Organisatorischer Horizont des Instruments	niedrig: operativ mittel: taktisch hoch: strategisch									
Flexibilität	Aufgabenflexibilität	Aufgabenvariabilität des Instruments	-									
	Anwendungsflexibilität	Einarbeitungsaufwand	-									
	Ergebnisflexibilität	Bearbeitungsaufwand bei der Anwendung	-									
	Änderungsflexibilität	Starrheit bei Änderungen des Instruments	-									
Strategische Reichweite	Umweltberücksichtigung	Einbeziehung von Impulsen aus der Unternehmensumwelt	-									
	Ressourcenberücksichtigung	Einbeziehung von Mitarbeitern, Maschinen und RHB	-									
	Zielberücksichtigung	Einbeziehung des Unternehmensziels	-									

Abbildung 10: Bewertung ausgesuchter Planungsmethoden
Quelle: Weymar (2001), S. 50.

4.2.3 Einbeziehung von interkulturellen Aspekten

Gerade in multinationalen Industriekonzernen spielen die interkulturellen Aspekte in Bezug auf die vorhandenen Ressourcen eine sehr grosse Rolle. Dies wurde insbesondere im Projektpriorisierungsprozess bei der CCE AG nicht berücksichtigt. Darüber hinaus wird diesem Ansatz in der Theorie in Bezug auf IT-PPM nur wenig Beachtung geschenkt. Gerade im internationalen Projektmanagement müssen die unterschiedlichen Kulturen berücksichtigt werden. Damit soll das Ziel verfolgt werden, die Teamzusammenstellungen in den internationalen Projekten im Vorfeld zu betrachten, um kulturelle Differenzen schon vor der Umsetzungsphase der Projekte zu vermeiden. Der Ansatz von Hofstede (1984) nutzt fünf verschiedene Dimensionen, um nationale Kulturen zu differenzieren[72]:

Tabelle 5: Kulturdimensionen

Kulturdimensionen	Beschreibung
Power Distance Index (PDI)	Inwieweit ist es akzeptabel oder verwerflich, dass andere Personen Macht über mich haben? Die beiden extremen Pole dieser Dimension sind die Kulturen mit geringen Machtunterschieden (Low Power Distance) versus Kulturen mit grossen Machtunterschieden (Higher Power Distance).
Individualism (IDV)	Diese Dimension beschreibt die relative Wichtigkeit der individuellen, persönlichen und Ansprüche versus der der Gemeinschaft. In individualistischen Kulturen stehen die individuellen Rechte und Ansprüche an oberster Stelle, während in kollektivistischen Kulturen, die Gemeinschaft zuoberst steht.
Masculinity versus Femininity (MAS)	Diese Dimension beschreibt den Unterschied zwischen Gesellschaften, die die reine Leistung und Effizienz bevorzugt im Gegensatz zu den Gesellschaften, die die Qualität des Lebens und der Beziehungen vorzieht.
Uncertainty Avoidance Index (UAI)	Welcher Grad von Unsicherheit oder Doppeldeutigkeit ist akzeptabel für die Mitglieder einer Kultur? Mitglieder von verschiedenen Kulturen erleben Situationen vielleicht als unsicher oder chaotisch, reagieren aber gelassener oder ruhiger als andere.
Long-Term Orientation (LTO)	Zeigt, wie groß der zeitliche Planungshorizont in einer Gesellschaft ist. In manchen Kulturen zählt allein der Augenblick ("Zeit ist Geld!") und die aktuelle Leistung. In anderen Kulturen zählen eher die Nachhaltigkeit und der langfristige Ertrag von Handlungen und Beziehungen.

Hofstede hat mit seiner Arbeit die theoretischen Fundamente geschaffen, auf denen die Ressourcenzusammensetzung in internationalen Projekten aufbauen können. Diesen Ansatz gilt es in der Forschungsarbeit im Hauptbewertungsprozess zu berücksichtigen und somit in den verbesserten Modellvorschlag einzubauen.

---

[72] Vgl. Kwak / Dewan (2001), S. 2-3.

4.3   Beschreibung des neuen Modellvorschlags

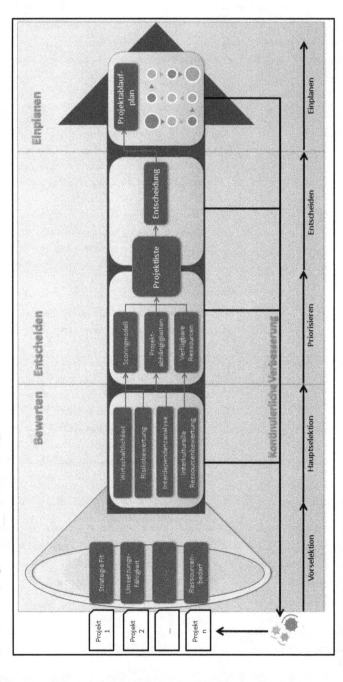

Abbildung 11: Modell für die IT-PPM Planung
Quelle: Eigene Erstellung.

In Abbildung 11 wird der Verbesserungsvorschlag für ein IT-PPM-Planungsmodell abgebildet. In dem Modell wird dabei die Theorie für IT-PPM aus Kapitel 2.3. aufgegriffen und in das IT-PPM-Modell eingearbeitet. Ziel bei der Erstellung des neuen Modells ist die Umsetzung der in Kapitel 4.2. erarbeiteten Verbesserungsvorschläge. Dabei soll zum einem die Effizienz des Planungsprozesses an sich, sowie zum anderen die Effizienz der Gesamtheit der IT-PPM-Prozesse nachhaltig erhöht werden. Mit Hilfe einer intensiveren Erstbewertung von Projekten soll die Effizienz des Gesamtprozesses gesteigert werden. Dies führt einerseits dazu, dass in der Hauptbewertungsphase weniger Projekte intensiver betrachtet werden müssen und zum anderen zu einer Konzentration zur ausführlichen Bewertung der wesentlichen Projekte. In Summe hat dies positive Auswirkung auf den Gesamtprozess des IT-PPM. Die grundlegenden Phasen bei der Vorgehensweise sind dabei die Bewertungsphase, die Entscheidungsphase und die Einplanungsphase. Anhand dieser Strukturierung erfolgt die weitere Beschreibung des Modells.

In der Bewertungsphase erfolgt in einem ersten Schritt die Aufnahme der Projektvorschläge und eine intensivere qualitative Überprüfung und Selektion. Maßgebend sind hier die Kriterien des strategischen Fit des Projekts zur Unternehmensstrategie, die Umsetzungsfähigkeit, die Ressourcenbetrachtung, welche jedoch abhängig von der einsetzenden Unternehmung sind. Anhand dieser Kriterien werden Projekte, die diesen Kriterien nicht gerecht werden, beziehungsweise Projekte die beispielsweise die Ressourcen des Unternehmens weit übersteigen bereits frühzeitig verworfen. Im Fokus steht eine intensivere Erstbewertung der Projekte, im Vergleich zum Modell der CCE AG, um Projekte stärker auf ihre Durchsetzungsfähigkeit zu überprüfen. Damit soll ermöglicht werden, dass weniger Projekte intensiver in der zweiten Bewertungsphase überprüft werden können. Durch den verbesserten zweistufigen Auswahl- und Bewertungsprozess wird der Prozess optimiert, da langfristig mit einer höheren Wahrscheinlichkeit die „richtigen" Projekte realisiert und suboptimale Projekte aus Unternehmenssicht bereits frühzeitig eliminiert werden. Nach der Selektion erfolgt im zweiten Schritt der Bewertungsphase eine Betrachtung und Bewertung unter zur Hilfenahme von quantitativen Methoden, wie in Kapitel 4.2.2. ansatzweise dargelegt. Damit soll eine zusätzliche Grundlage für die Entscheidungsphase gebildet werden, indem quantitative Untersuchungen den qualitativen Entscheidungsprozess unterstützen. Hinzu kommt gemäß den Verbesserungsvorschlägen aus Kapitel 4.2.3 die Berücksichtigung der interkulturellen Ressourcenbewertung. Bei der interkulturellen Ressourcenbewertung soll einmal die Teambildung in den Projekten optimiert werden und die Stärken und Schwächen einzelner Nationalitäten in Projekten gezielt eingesetzt werden.

Die Entscheidungsphase ist unterteilt in die Priorisierung und in die eigentliche Entscheidung. Bei der Priorisierung wird eine Projektliste mit möglichen durchzuführenden Projekten entwickelt. Mit einem Scoringmodell erfolgt die Priorisierung der Projekte, sowie eine Betrachtung der Projektabhängigkeiten und der Ressourcenbewertung. Auf Basis der Projektliste wird entschieden, welche Projekte durchgeführt werden sollen.

Abschließend folgt im letzten Schritt des IT-PPM-Modells die Einplanungsphase, bei der den zu realisierenden Projekten Ressourcen (finanzielle, personelle) zugewiesen werden und in den Ablaufplan eingeteilt werden.

5 Evaluation – Erfolgsmessung der IT-PPM-Planung

Die Zielsetzung der Arbeit ist es, Unternehmen durch IT-PPM bei der Projektauswahl zu unterstützen und eine Verbesserung gegenüber alternativen Selektionsmethoden beizusteuern. Diese wird dabei auf mehreren Ebenen erfasst, um Veränderungen messbar zu machen. Dies ist aufgrund der komplexen Methode des IT-PPM notwendig, da dies zum einen Konsequenzen auf vielen Ebenen des Unternehmens nach sich zieht und zum anderen hohe Erwartungen an das IT-PPM stellt. Zimmermann formuliert die Erwartungen allgemein als die Steigerung des Wertbeitrags der IT-Projekte zum Unternehmenswert, die verbesserte Risikoermittlung, die Verringerung inter- und intratemporaler Abhängigkeiten, sowie die Optimierung des strategischen Fit des IT-Projektes zur Gesamtunternehmensstrategie als zu erreichende Ziele.[73] Darüber hinaus haben Jeffery und Leliveld ermittelt, dass durch IT-PPM zentralisierte Kontrolle, Kostenreduzierung, Kommunikation mit Business Executives, Return-on-Investment (ROI), Kundenservice, professioneller Respekt, komparative Vorteile, IT Integration in Fusionen und Zusammenschlüssen und Entscheidungsprozesse verbessert werden sollen.[74]

Diese ermittelten Anforderungen verlangen eine Betrachtung auf unterschiedlichen Ebenen mit mehreren Methoden, da sich nicht alle Ziele mit Hilfe einer bestimmten Methode ermitteln lassen. Erforderlich ist dabei der Einsatz von Kennzahlen, quantitativer und qualitativer Interviews um die Erwartungen an IT-PPM zu messen. Diese drei Methoden werden im nachfolgenden Abschnitt genauer erläutert.

5.1 Vorstellung der Evaluationsmethoden

In diesem Abschnitt werden die Evaluationsmethoden vorgestellt mit deren Hilfe Veränderungen, in Folge der Umsetzung der erarbeiteten Verbesserungsvorschläge zur Steigerung des IT-PPM, gemessen werden sollen. Zielsetzung ist dabei die Ermittlung der Veränderung hinsichtlich der von Unternehmen erhofften Erwartungen an IT-PPM.

„Unter Kennzahlen wird jede Art quantitativer Information verstanden, die über unternehmensinterne oder unternehmensexterne Sachverhalte Auskunft gibt".[75] Die Kennzahlen können dabei in absoluten Werten, wie beispielsweise Umsatz, oder in Form von Verhältnissen, wie beispielsweise Umsatzrendite, dargestellt werden. Zu den Kennzahlen im engeren Sinne gehören nur die Verhältniszahlen, währenddessen zu den Kennzahlen im weiteren Sinne auch die absoluten Kennzahlen gehören. Die Verhältniskennzahlen werden dabei durch den Quotient zweier absoluter Kennzahlen gebildet.[76] Burkert unterscheidet weiterhin „weiche" und „harte" Kennzahlen. Im Gegensatz zu den „harten" Kennzahlen,

---

[73] Zimmermann (2008), S. 461 ff.

[74] Jeffery / Leliveld (2004), S. 45.

[75] Burkert (2008), S. 9.

[76] Vgl. Stephan (2006), S. 7 ff.

die in absoluten Zahlen gemessen werden können, werden „weiche" Kennzahlen beispielsweise über Befragungen erhoben. Sie werden dabei auf subjektive Einschätzungen der Befragten zurückgeführt.[77] Kennzahlen stellen für die Evaluation des verbesserten IT-PPM den Hauptanteil zur Messung einer Veränderung dar. Mit Hilfe von quantitativen und qualitativen Datenerhebungen können zusätzlich neben den „harten" Kennzahlen noch „weiche" Kennzahlen gewonnen werden. Die „weichen" Kennzahlen sind insbesondere notwendig, um beispielsweise den Wertbeitrag eines Projektes mit dem strategischen Fit zur Unternehmensstrategie messen zu können. Während sich der Wert eines Projektes aus einer „harten" Kennzahl ableiten lässt, ist dies für den strategischen Fit nicht mehr möglich. Die „weichen" Kennzahlen lassen sich mit Hilfe von quantitativen und qualitativen Datenerhebungsmethoden gewinnen.

Die quantitative Datenerhebung bzw. die quantitative Marktforschung unterscheidet sich von der qualitativen Datenerhebung bzw. Marktforschung in der Art und Weise wie Daten generiert werden.[78] Hauptunterschied zwischen den beiden Richtungen ist, dass die quantitativen Methoden darauf abzielen, Sachverhalte empirisch und standardisiert auszuwerten. Währenddessen konzentrieren sich die qualitativen Methoden auf die Erklärung tieferer Sinnzusammenhänge auf Basis von nicht-standardisierten Methoden.[79]

Die quantitativen und qualitativen Datenerhebungen dienen aber nicht nur zur reinen Erstellung von Kennzahlen, sondern sollen unabhängig von den Kennzahlen auch Informationen über den Verlauf des Projektes, die Akzeptanz der Mitarbeiter gegenüber dem verbesserten IT-PPM und weitere Informationen liefern. Ein Vorteil der quantitativen und qualitativen Erhebung ist, dass auch Daten und Informationen erfasst werden können, die nicht durch eine Kennzahl ausgedrückt werden können.

---

[77] Vgl. Burkert (2008), S. 9 ff.

[78] Vgl. Kleinig (2007), S. 197 f.

[79] Vgl. Buber / Holzmüller (2007), S. XI und Homburg / Krohmer (2006), S. 263 und Lamnek (2005), S. 32 ff.

5.2 Evaluationsframework

Daten	Ausgewählte Methoden zur Gewinnung von Daten	Ziel-setzung
Kenn-zahlen / KPI	- Economic return (Net Present Value [NPV], Return on Investment [ROI], Return on Average Investment [RAI], Expected Value [EV], PayBack Period [PBP] - Kosten-Nutzen Analyse - Risikoabschätzung beispielsweise durch Work-Breakdown-Structure (WBS), Value at Risk, Cash Flow at risk, Earnings at Risk, Earnings per Share at Risk, Return on Risk Adjusted Capital, Risk adjusted Return on Capital, Corporate Value on Discounted Risk Value - Messung temporaler Abhängigkeiten (intratemporale, intertemporale)	Messung von Wert-beitrag, Risiko, und Organisa torischer Planung

Qualitative und Quantitative Daten — Messung von strategischem Fit, Anwend barkeit, Akzeptanz und Ermittlung von unbekannten Problem en und Verbesserungspoten tialen

Kommunikationsform \ Kommunikationsart	wenig strukturiert	teilstrukturiert	stark strukturiert	
mündlich	Typ I - informelles Gespräch - Experten-interview - Gruppen-diskussion	Typ III - Leitfaden-gespräch - Intensiv-interview - Gruppen-befragung - Experten-befragung	Typ V - Einzelinter-view telef. Befragung - Gruppen-interview - Panel-befragung	Typ VII (mündl. und schriftl. kombiniert) - telefonische Ankündigung des Ver-sandes von Fragebogen - Versand oder Überbringung der schriftl. Fragebogen - telef. Kon-trolle, evtl. telef. Er-gänzungsbe-fragung
schriftlich	Typ II - informelle Anfrage bei Zielgruppen	Typ IV - Experten-befragung	Typ VI - postalische Befragung - persönliche Verteilung und Abholung - gemeinsames Ausfüllen von Fragebogen - Panel-befragung	

erfassen qualitativer Aspekte, „Interpretieren"   erfassen quantitativer Aspekte, „Messen"

◄————————— Reaktivität —————————►
hoch   tief

Abbildung 12: Evaluationsframework
Quelle: Eigene Erstellung nach Atteslander (2006), S. 123; nach Kromrey (2006), S. 388; nach Archer, Ghasemzadeh (1999), S. 209 f, nach Zimmermann (2008), S.461 ff.

Ein Modell zur Evaluierung stellt das in dem Bild dargestellte Evaluationsframework dar. Dieses teilt sich auf in die Art der Daten, wie Daten erhoben werden können und welches Ziel bei der Erhebung verfolgt wird. Die Daten werden dabei unterschieden in Kennzahlen sowie in qualitative und quantitative Daten. Hier wird gezeigt, mit welchen Befragungsarten qualitative und quantitative Daten erzeugt werden können. Die Zielsetzung von Kennzahlen ist es, den Wertbeitrag zu messen, potentielle Risiken abzuschätzen und organisatorische Abhängigkeiten zu erkennen. Mit Hilfe der qualitativen und quantitativen Daten soll der strategische Fit von IT-Projekten zur Gesamtstrategie, die Akzeptanz der Methode und deren Durchführbarkeit sowie unvorhergesehene Probleme und potentielle Verbesserungsmöglichkeiten erfasst werden. Auf diese Art und Weise ist ein Regelkreis möglich, in dem unvorhergesehene Probleme und Abhängigkeiten auf- gespürt werden und zur weiteren Verbesserung des Modells einfließen. Der Evaluationsframework stellt ein Rahmenkonzept dar, mit Methoden die genutzt werden können, um das IT-PPM zu unterstützen und weiterzuentwickeln. Dieses Rahmenkonzept ist nicht absolut, sondern kann zum einen individuell auf jeweilige Unternehmen und deren Bedürfnisse angepasst werden, und zum anderen durch die Anwendung der Methoden selbst verändert werden, in dem sich beispielsweise eine Methode als unzureichend erweist.

5.3 Beispielhafte Darstellung von Kennzahlen

Um einen Einblick in die Evaluationsmethoden zu liefern werden in diesem Abschnitt beispielhaft einige Kennzahlen vorgestellt und kurz beschrieben. Ziel ist es Anhaltspunkte für den Erfolg des neuen IT-PPM-Modells zu ermitteln. Die Evaluation ist dabei noch auf das zu untersuchende Unternehmen anzupassen, da hier individuelle Anpassungen an das jeweilige Unternehmen erforderlich sind. Der Return on Investment (ROI) stellt eine Möglichkeit dar, eine Aussage über die Gesamtkapitalrentabilität zu erreichen. Über den ROI werden nicht einzelne Projekte geprüft sondern das ganze IT-Projektportfolio. Der ROI wird berechnet aus dem Produkt von Umsatzrentabilität und Kapitalumschlagshäufigkeit. Die Kapitalumschlagshäufigkeit ergibt sich aus dem Quotienten von Umsatz und Gesamtkapital.[80] Die Steigerung des ROI kann ein Indikator für eine Verbesserung des im Rahmen dieser Arbeit entwickelten Modells sein. Problematisch dabei ist, dass keine Aussage über die Veränderung von Zähler und Nenner möglich ist.[81]

Zur Messung des Risikos können die Maßzahlen „Risk adjusted return on Capital" (RAROC) oder „Return on Risk adjusted Capital" (RORAC) hinzugezogen werden. Beim RAROC wird ein „mathematisch adjustiertes Ergebnis einer Kapitalgröße gegenübergestellt".[82] Die Kennzahl zeigt das Verhältnis zwischen erzieltem Gewinn und den zur Gewinnerzielung notwendigen Verlustrisiken. Die erwirtschafteten Erträge abzüglich der tatsächlich angefallenen Kosten und der Risikokosten bilden dabei das risikoadjustierte Ergebnis. Anhand von Schätzverfahren werden die durchschnittlichen Risikokosten erhoben. Das Kapital, auch als „ökonomisches Kapital" bezeichnet, stellt die Bezugsgröße für die Risikotragfähigkeit eines Unternehmens dar. Das „ökonomische Kapital" gibt Auskunft über

---

[80] Horváth (2003), S. 571 ff. und Jung (2002), S. 690 f.

[81] Horváth (2003), S. 572.

[82] Fiege (2006), S. 174.

die Ressourcen, die ein Unternehmen zum Auffangen von potentiellen Verlusten zur Verfügung hat. Das „ökonomische Kapital" darf dabei nicht das Eigenkapital übersteigen. Mit Hilfe des RAROC können verschiedene Geschäfte mit unterschiedlichen Risikogehalten vergleichbar gemacht werden. [83] Der RORAC erfährt die Berücksichtigung des Risikos in der Kapitalkomponente. Der Ertrag einer Risikoposition und die risikoadjustierte Kapitalbasis werden in Verhältnis zueinander gesetzt. Damit ist es möglich Risikopositionen miteinander zu vergleichen. Bei gleichem Geschäftsvolumen stellt diejenige Position das größere Risiko dar, für das die größere Eigenkapitalausstattung zur Durchführung erforderlich ist. Im Bezug auf das Projektportfolio-Management können die Kennzahlen Aufschluss über die potentiellen Risiken von Projekten geben. Eine Interdependenzanalyse zwischen den Projekten kann bei diesen beiden Kennzahlen jedoch nicht berücksichtig werden. [84]

Der Projekterfolg stellt eine weitere Größe für die Bewertung von Portfolios dar. Hier kann verglichen werden inwieweit sich die Projekterfolgsquote im Vergleich zum vorhergehenden IT-PPM verbessert hat oder nicht. Hierbei wird die Projekterfolgsdefinition aus dem Chaos Reports der Standish Group herangezogen. Ein erfolgreiches Projekt wird charakterisiert durch eine pünktliche Einführung, die Einhaltung des Budgetrahmens und die Erfüllung der geforderten Funktionen. Den Status „challenged" erhalten Projekte, die entweder zu spät eingeführt werden, das Budget überschreiten oder die geforderten Funktionen nicht erfüllen. Projekte werden als gescheitert erklärt, wenn Projekte abgebrochen werden oder geliefert aber niemals benutzt werden. [85] Alternativ können Kriterien für die Definition von Erfolg aus der Übersicht von Karlsen et al. entnommen werden. [86]

Die Messung der Mitarbeiterzufriedenheit sowie der Kundenzufriedenheit stellen ebenfalls Messgrößen zur Ermittlung des Erfolgs des IT-PPM Modells dar. Eine Steigerung der Mitarbeiterzufriedenheit und die Erhöhung der Kundenzufriedenheit gegenüber dem vorhergehenden IT-PPM geben ebenfalls über den Erfolg des neuen IT-PPM-Modells Auskunft.

Über die qualitativen Interviews sollen darüber hinaus weitere Verbesserungsvorschläge für das IT-PPM gesammelt werden um vom Management und Anwendern Schwachstellen zu erfassen, die es weiter zu verbessern gilt. Dies beinhaltet auch die Erhebung der Akzeptanz für das neue IT-PPM-Modell.

Die hier vorgestellten Kennzahlen geben nur einen Einblick in die zu erhebenden Kennzahlen und haben keinen Anspruch auf Vollständigkeit. Die endgültige Anpassung der Evaluierung ist in Kooperation mit dem Unternehmen in dem das neue IT-PPM-Modell angewendet werden soll notwendig.

---

[83] Vgl. Fiege (2006), S. 174.

[84] Vgl. Fiege (2006), S. 174 ff.

[85] Standish Group (2004), S. 2.

[86] Karlsen et al (2005), S. 528 ff.

5.4   Vorgehensweise bei der Evaluation im Projekt

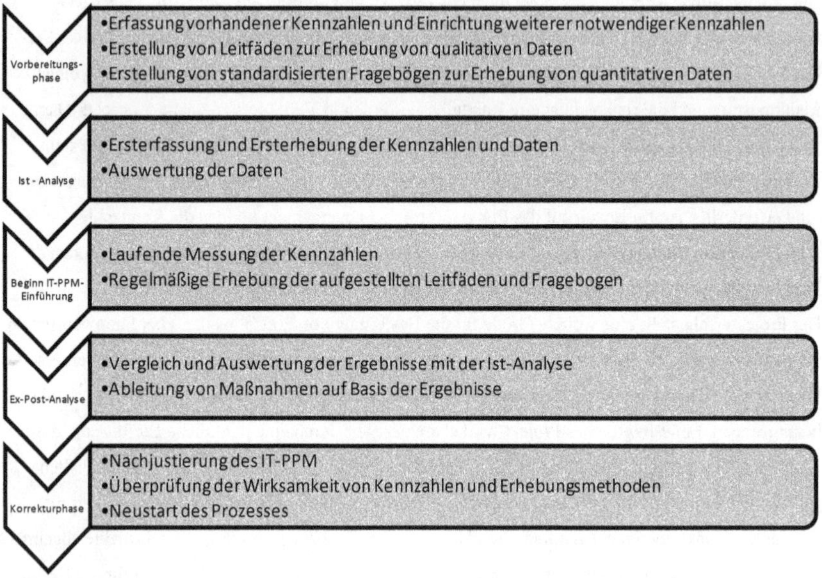

Vorbereitungs-phase
- •Erfassung vorhandener Kennzahlen und Einrichtung weiterer notwendiger Kennzahlen
- •Erstellung von Leitfäden zur Erhebung von qualitativen Daten
- •Erstellung von standardisierten Fragebögen zur Erhebung von quantitativen Daten

Ist - Analyse
- •Ersterfassung und Ersterhebung der Kennzahlen und Daten
- •Auswertung der Daten

Beginn IT-PPM-Einführung
- •Laufende Messung der Kennzahlen
- •Regelmäßige Erhebung der aufgestellten Leitfäden und Fragebogen

Ex-Post-Analyse
- •Vergleich und Auswertung der Ergebnisse mit der Ist-Analyse
- •Ableitung von Maßnahmen auf Basis der Ergebnisse

Korrekturphase
- •Nachjustierung des IT-PPM
- •Überprüfung der Wirksamkeit von Kennzahlen und Erhebungsmethoden
- •Neustart des Prozesses

Abbildung 13: Vorgehensmodell
Quelle: Eigene Erstellung.

Abbildung 13 zeigt den vorgesehenen Prozess der Evaluation bei der Einführung eines IT-PPM. In fünf Schritten erfolgt dabei die Erhebung der Kennzahlen und Daten. Im ersten Schritt werden bereits vorhandene Kennzahlen erfasst und gegebenenfalls ergänzt. Hinzu kommt die Erstellung von Leitfäden und von standardisierten Fragebögen zu Erfassung weiterer Daten. Im nächsten Abschnitt erfolgt eine Ist-Analyse. Anschließend erfolgt der Projektbeginn und es werden bereits während der Installation regelmäßige Messungen durchgeführt. Nach der Einführung werden erneut alle Kennzahlen abgefragt und Umfragen durchgeführt. Ein Vergleich der Daten der Ex-Post-Analyse mit der Ist-Analyse gibt Aufschluss über die Wirksamkeit des IT-PPM. Anhand der Ergebnisse können anschließend Maßnahmen abgeleitet werden, um im letzten Schritt das IT-PPM und dessen Evaluation weiter zu verbessern.

6 Projektierung

Eine IT-PPM Einführung geht mit einer Umverteilung von Machtverhältnissen einher, die sorgfältig begleitet werden muss. IT-PPM kann nur den Rahmen für den Entscheidungsprozess bieten, nicht aber die Entscheidung selber vorwegnehmen. Es empfiehlt sich daher mit einem leichtgewichtigen Ansatz für IT-PPM zu starten und schrittweise immer mehr Schlüsselpersonen in der Organisation von den Vorteilen eines IT-PPM zu überzeugen. Zusätzlich ist es entscheidend, von Anfang an die Rückendeckung des Vorstandes zu haben. Dies sollte schon in der Projektierungsphase erfolgen. Deshalb wird nachfolgend eine detaillierte Projektierung vorgestellt.

6.1 Projektaufbau

Der Umfang des Projektes wird in drei Dimensionen dargestellt:

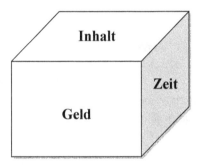

Abbildung 14: Drei Dimensionen des Projekts
Quelle: Eigene Erstellung.

Die Dimension Geld beinhaltet die gesamten Kosten, die ein Projekt verursacht. Die Zeit ist der Zeitraum vom Beginn bis zum Ende des Projekts. Der Inhalt bestimmt den fachlichen und sachlichen Inhalt der Anforderungen für das Projekt. Der Gesamtprojektaufwand kann demzufolge mit dem Volumen dieses Würfels dargestellt werden.

Die Implementierung eines IT-PPM hat typischerweise mehrere Phasen:

- Informationsbeschaffung (IST-Aufnahme mit Interviews usw.)
- Evaluierung (Beschreibung, Analyse und Bewertung)
- Implementierung (Einführung des IT-PPM-Planungsprozess)
- Review (IST-Aufnahme nach Einführung, Bewertung, Verbesserungspotentiale erkennen)

Für das Realisierungsprojekt sind ausserdem die nachfolgenden Rollenbeschreibungen denkbar. Die **Unternehmensführung** ist Auftraggeber der Projekts und Anwender der Projektergebnisse zur Steuerung der Projektlandschaft. Als Projektauftraggeber ist die Unternehmensführung für den Auftrag mit den konkreten Zielsetzungen und für die Ergebnisse verantwortlich. Daneben stellt sie die Verfügbarkeit der Ressourcen für das Projekt sicher. Die Unternehmensführung sollte bezogen auf das Projekt einen Sprecher benennen. Zudem nimmt sie die Rolle des Entscheidungsgremiums ein, das die notwendigen Beschlüsse treffen muss. In dieser Rolle wird sie durch das Projektteam bestärkt.

Der Projektleiter plant und organisiert das Projekt und bildet das **Projektteam**. Er kontrolliert den Projektfortschritt und berichtet an den Lenkungsausschuss bzw. den Auftraggeber. Die Mitarbeiter im Projektteam stellen die operative Durchführung der projektspezifischen Aufgaben sicher.

Die **Abnehmer** formulieren die fachlichen Anforderungen und nehmen die Ergebnisse ab. Sie sind in der Regel Anwender der Projektergebnisse. Zu den Abnehmern im Projekt „Einführung IT-PPM" gehören zum einen die Unternehmensführung, aber auch Führungskräfte der Fachabteilungen bzw. das Controlling.

Der **Lenkungsausschuss** ist üblicherweise ein Gremium, das für den Konsens aller Beteiligten auf Managementebene sorgt. Aufgrund der organisationsübergreifenden Relevanz im Projekt wird ihm eine wichtige Rolle zugesprochen.

Sinnvoll ist auch die Etablierung eines **Fachausschuss**. Dieser dient der Beteiligung von Fachleuten, die zur Qualitätssicherung einen erheblichen Beitrag leisten können, ohne operativ in die Projektarbeit eingebunden zu sein. Der Fachausschuss ist für das Projektteam ein wertvoller Partner.

6.2   Zeitliche Planung

In Tabelle 6 ist ein erster Meilensteinplan für die Einführung einer IT-Projektportfolio-Planung formuliert. Es ist wichtig, dass die im Meilensteinplan beschriebenen Etappenziele eine möglichst klare, gemeinsame Vorstellung wiedergeben. Hierzu dienen meist ergebnisbezogene Formulierungen.

Der Meilensteinplan wird innerhalb des Projektteam in kleinere Schritte übersetzt, die dann auf einer Zeitachse mit Monatsabschnitten dargestellt werden. Ein erster Projektplan wird in Abbildung 15 dargestellt.

Tabelle 6: Meilensteine der IT-Projektportfolio-Planung

	Ergebnis	Meilenstein
1.	Vorstudie / Forschungsantrag erstellt	03.12.2008
2.	Forschungsauftrag erteilt	31.12.2008
3.	Projektorganisation aufgestellt (Projektleiter ernannt und Projektportfolio-Office aufgebaut)	31.01.2009
4.	Vorbereitung für Evaluation abgeschlossen	28.02.2009
5.	Projektkriterien und Bewertungsmethode zur Projektportfolioplanung und Priorisierung abgestimmt	28.02.2009
6.	Modell und Lösungsweg für die Projektportfolioplanung im Unternehmen entschieden	31.03.2009
7.	Konzept für Prozesse, Rollen und Instrumente der Projektportfolioplanung und Priorisierung beschlossen	31.05.2009
8.	Projektzwischenbericht erstellt und weiteres Vorgehen abgestimmt	13.06.2009
9.	Prozesse, Rollen und Instrumente der Projektportfolioplanung und Priorisierung vollständig ausformuliert / dokumentiert (Anwendungshandbuch)	15.09.2009
10.	Alle Projekte mit Eckdaten im Unternehmen für 2010 erhoben	17.10.2009
11.	Projektportfolioplanung und Priorisierung durchgeführt	30.11.2009
12.	Abschlussbericht Einführung Projektportfolioplanung erstellt	31.12.2009
13.	Projekte 2010 starten	01.01.2010
14.	Post-Evaluation abgeschlossen (begleitender Prozess)	31.01.2011
15.	Abschlussbericht und Auswertung der Evaluationsphase erstellt	31.03.2011

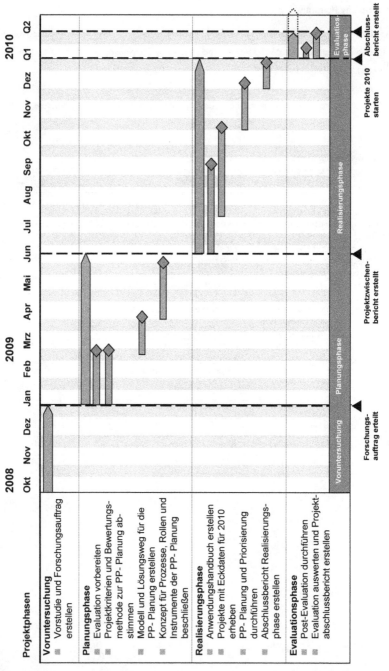

Abbildung 15: Projektplan zur Einführung einer IT-PPM-Planung
Quelle: Eigene Erstellung.

Jede Phase des Meilensteinplans enthält wichtige Entscheidungen und Aktivitäten, welche für das Gesamtprojekt von kritischer Bedeutung sind. Bei potenzieller Gefahr für die Nichteinhaltung der definierten Meilensteine müssen sowohl seitens des Projektteams als auch seitens des Auftraggebers Massnahmen getroffen werden, um eine Verzögerung des Projektplans zu vermeiden.

Dennoch kann eine Abweichung von diesem Plan unter Umständen einen Einfluss auf den Endtermin des Projektes haben. Für nicht oder zu spät zur Verfügung gestellte Materialien durch den Auftraggeber und die damit verbundenen Verzögerungen oder Verschiebungen des Endtermins trägt das Projektteam keine Verantwortung.

6.3 Kostenplanung

Die Kosten eines Projekts lassen sich nur dann halbwegs zuverlässig abschätzen, wenn man die einzelnen Kostenarten des Projektes untersucht. Als Mindestanforderung soll an dieser Stelle auf die Personalkosten eingegangen werden. Die Personalkosten nehmen in der Projektkalkulation regelmäßig den größten Posten ein. Um bei einer gegebenen Projektdauer von ca. 12 Monaten eine grobe Teamgröße für das Projektkernteam festlegen zu können bietet sich die Anwendung folgender Formel an[87]:

Projektdauer in Monaten = Anzahl Bearbeitertage des Projekts / (Durchschnittliche Verfügbarkeit * Anzahl Teammitglieder * Arbeitstage im Monat)

Bei einem Projekt mit einer Laufzeit von 12 Monaten bei ca. 210 Bearbeitertagen und einer Verfügbarkeit der Projektressourcen von 30% ergibt sich eine Anzahl an Teammitgliedern von ca. 3 Personen. Bei der externen Vergabe des Projektkernteams ist mit einem Tagessatz für einen Projektleiter von ca. 1.040€ und einem Tagessatz der Projektmitarbeiter von ca. 690€ auszugehen.

Neben den Aufgaben im Projektteam fallen zudem auch Aufgaben wie z.B. die Erstellung eines Fachkonzepts bei den Abnehmern im Unternehmen, sprich den Fachbereichen an. Jedoch werden für interne Ressourcen in diesem Falle keine Kosten kalkuliert. Ist jedoch eine finanzielle Bewertung des Aufwands für die internen Ressourcen erforderlich, werden die in der betrieblichen Praxis gewöhnlichen 500€ pro Person und Tag veranschlagt.

---

[87] Vgl. Voigt (2008), S. 172.

6.4 Risikoplanung

Auf dem Weg zur erfolgreichen IT-Projektportfolio-Planung und zum Erreichen der Nutzenpotentiale müssen Risiken umgangen werden. Einige dieser Risiken und Möglichkeiten der Prävention werden nachfolgend konkretisiert.

Risiken aus Widerständen und Interessenkonflikten betroffener Personen, Projekte und Unternehmen sind präventiv durch eine Stakeholder-Analyse anzugehen. Es sollten dabei nacheinander folgende Fragen geklärt werden[88]:

- Wer ist für die Einführung einer IT-PPM-Planung wichtig?
- Welche Interessen hat er?
- Wie kann man ihn gewinnen?

Ein weiteres Risiko ist, dass die Lücke zwischen Unternehmensstrategie und IT nicht geschlossen werden kann, somit wurde das Hauptziel verfehlt. Ursachen hierfür sind beispielsweise darin zu finden, dass eine grosse Distanz zwischen CIO und Unternehmensführung besteht. Oder die Einführung von der IT-Projektportfolio-Planung beruht auf Einzelinitiativen und es besteht keine Unterstützung von der Unternehmensleitung.

Ein Risikofaktor kann auch die neue geschaffene Transparenz sein. Eine solche Transparenz macht die Entscheidungsträger messbar und somit auch angreifbar. Dies führt oft zu versteckten und offenen Blockaden. Mit einer aktiven Kommunikationspolitik und positiven Anreizen kann dieses Risiko verringert werden. Den Mitarbeitern soll dabei kommuniziert werden, dass sie nicht überwacht werden sollen, um ihnen somit die Angst zu nehmen.[89]

---

[88] Vgl. Hirzel / Kühn / Wollmann (2006), S. 274.
[89] Vgl. Adler / Sedlaczek (2005), S. 122.

7   Kritische Würdigung

Die in dieser Arbeit gewonnenen Erkenntnisse liefern Empfehlungen, welche zum Erfolg der Einführung der IT-PPM-Planung in multinationalen Konzernen beitragen. Ausserdem werden die gegenwärtigen Probleme und Herausforderungen aufgezeigt, sowie auf die Verbesserungspotentiale hingewiesen, auf die sich die Verantwortlichen bei der Einführung dieses Prozesses konzentrieren müssen.

Die „richtigen" Projekte zum „richtigen" Zeitpunkt auszuwählen und umzusetzen ist keine einfache Angelegenheit. Mit dem in dieser Arbeit vorgeschlagenen Modell ist aber ein transparenter, nachvollziehbarer und effektiver Ansatz modelliert worden, um eine effiziente IT-Projektportfolio-Planung einzuführen. Der Ansatz zielt dabei hauptsächlich auf die gesamte Organisation und deren Prozesse ab, und benötigt im ersten Schritt keine zusätzlichen Tools, wie z.B. Software-Programme. Ein grosser Vorteil dieses Ansatzes ist die Effizienzsteigerung durch die Vorevaluation der Projekte, um in der Hauptphase deutlich weniger Komplexitäten und Abhängigkeiten zu untersuchen. Dadurch wird der Planungsprozess insgesamt deutlich verkürzt und dadurch effizienter. Die Einbeziehung der Betrachtung von interkulturellen Aspekten unter den personellen Ressourcen wird für multinationale Konzerne immer entscheidender. Dieser Punkt bringt dem Unternehmen einen Mehrwert, da dieser Aspekt in den bisherigen Modellen der IT-PPM-Planungsphase keine Berücksichtigung findet.

Das geplante Forschungsprojekt in der Praxis umzusetzen ist ein sehr intensiver Prozess, welcher viel Zeit und vor allem Vertrauen über alle Hierarchieebenen in der Organisation hinweg benötigt. Die Methode muss verstanden, akzeptiert und gelebt werden, um diese erfolgreich einführen zu können. Dies zu etablieren benötigt zu einem ein gutes Organisations- und Schulungsmanagement, sowie zum anderen ein langfristiges strategisches Denken mit Nachhaltigkeit in der Unternehmensführung. Damit die entsprechende Akzeptanz geschaffen werden kann dürfen die beteiligten Mitarbeiter nicht demotiviert und mit zu vielen Neuerungen auf einmal konfrontiert werden. Das Projekt sollte ausserdem topdown eingeführt werden und benötigt die volle Unterstützung der Unternehmensleitung. Ohne diese Unterstützung ist ein Projekterfolg von vorneweg ausgeschlossen.

IT-PPM ist ein relativ junger Forschungsansatz, welcher sich in immer neuen Erkenntnissen in der Theorie widerspiegelt. Deshalb ist die erarbeitete Lösung eine mögliche Vorgehensweise, welche in der Forschungsarbeit verifiziert werden muss. Dabei muss die Forschung fortlaufend beobachtet werden und das vorgeschlagene Modell dementsprechend modifiziert werden.

Eine Schwierigkeit dieser Arbeit ist die Erfolgsmessung des neuen Modells in der Praxis. Da die Evaluation mit Kennzahlen und Umfragen gemessen werden soll, besteht die Gefahr, dass gerade bei Umfragen ein subjektives Ergebnis entstehen kann. Aber da im ersten Schritt vor der Einführung noch keine Datenbasis besteht, bleibt nur die Umfrage als wichtigstes Instrument der Evaluation vorhanden. Die Datenhistorie kann erst im Laufe der Zeit aufgebaut werden und dann erst können effektivere Analysen erfolgen.

Schliesslich bietet diese Arbeit eine gute Grundlage für die Einführung der IT-PPM-Planungsphase in der Praxis. Als nächste Schritte kann darauf aufbauend die Konzeption der Einführung der Steuerungs- und Evaluationsphase im IT-PPM erfolgen, sowie jeweils deren Implementierung und Evaluation geplant werden.

Ein Erfolgsfaktor für die weiteren Schritte zum kompletten IT-PPM in der Praxis, ist die Errichtung eines strategischen IT-Projektportfolio-Office, welches die Arbeit in Zukunft im Unternehmen weiterführen soll. Dabei muss die Position des IT-Projektportfoliomanagers als Stabstelle im Unternehmen integriert werden, damit die nötigen Entscheidungen durchgesetzt und ganzheitlich akzeptiert werden können.

Literaturverzeichnis

Adler, Anna / Sedlaczek, Ralf (2005): Multi-Projektmanagement, Portfolioplannung und Portfolio-controlling, in: Schott, Eric / Campana Christophe (Hrsg.): Strategisches Projektmanagement, Springer Verlag Heidelberg, S. 113-132.

Archer, N. P. / Ghasemzadeh, F. (1999): An integrated framework for project portfolio selection, International Journal of Project Management, Vol. 17, No. 4, pp.207-216.

Atteslander, Peter (2006): Methoden der empirischen Sozialforschung, 11. Auflage, Erich Schmidt Verlag, Berlin.

Bartenschalger, Jens / Heym, Michael (ohne Datum): Optimierung der Investitionsplanung – Studie zu Erfolgsfaktoren im IT-Projektportfoliomanagement, NAVISCO AG, Hamburg.

Buber, Renate / Holzmüller, Hartmut (2007): Einleitung, in: Buber, Renate, Holzmüller, Hartmut (Hrsg): Qualitative Marktforschung, 1. Auflage, Gabler Verlag, Wiesbaden, S. VII-XI.

Burkert, Michael (2007): Qualität von Kennzahlen und Erfolg von Managern - Direkte, indirekte und moderierende Effekte, Dissertation European Business School, Oestrich-Winkel.

Cubeles-Marquez, Albert (2008): IT Project Portfolio Management: The Strategic Vision of IT Projects, in: UPgrade – The European Journal for the Informatics Professional, Vol. IX, No.1, S. 31-36.

Eßeling, Verena (2008): Die Projektbewertung als Grundlage der strategischen Effektivität von Unternehmungen. In: Steinle, Claus / Eßeling, Verena / Eichenberg, Timm (Hrsg.): Handbuch Multiprojektmanagement und -controlling. Projekte erfolgreich strukturieren und steuern, 1. Aufl., Erich Schmidt Verlag, Berlin, S. 109 – 118.

Fiege, Stefanie (2005): Risikomanagement- und Überwachungssystem nach KonTraG - Prozess, Instrumente, Träger, Dissertation Techn. Universität Berlin.

Foschiani, Stefan (1999): Multiprojektcontrolling von Strategieprojekten, in: Controlling, 11. Jg. (1999) S. 129-134.

Hirzel, Matthias / Kühn, Frank / Wollmann, Peter (2006): Projektportfolio-Management – Strategisches und operatives Multi-Projektmanagement in der Praxis. 1 Aufl., Gabler Verlag (Wiesbanden).

Homburg, Christian / Krohmer, Harley (2006): Marketingmanagement, 2. Auflage, Gabler Verlag, Wiesbaden.

Horváth, Péter (2003): Controlling, 9. Auflage, Verlag Franz Vahlen München, München.

Jeffery, Mark / Leliveld, Ingmar (2004): Best Practices in IT Portfolio Management, in: MIT Sloan Management Review, Vol.45, No.3, S. 41-49.

Jenny, Bruno (2009): Projektmanagement – Das Wissen für den Profi, 1. Aufl., vdf, Hochschulverl. an der ETH Zürich.

Jung, Hans (2002): Allgemeine Betriebswirtschaftslehre, 8. Auflage, Oldenbourg Wissenschaftsverlag, München.

Karlsen, Jan Terje / Andersen, Jeanette / Birkeley, Live S. / Ødegård, Elise (2005): What characterizes successful IT Projects, International Journal of Information Technology & Decision Making, VOl. 4, No. 4, pp. 525-540.

Kunz, Christian (2007): Strategisches Multiprojektmanagement. Konzeption, Methoden und Strukturen. 2. Aufl., Deutscher Universitäts-Verlag, Wiesbaden.

Kleining, Gerhard (2007): Der qualitative Forschungsprozess, in: Naderer, Gabriele, Balzer, Eva (Hrsg.): Qualitative Marktforschung in Theorie und Praxis, 1.Auflage, Gabler Verlag, Wiesbaden, S. 189-230.

Kromrey, Helmut (2006): Empirische Sozialforschung, 11.Auflage, Lucius & Lucius, Stuttgart.

Kwak, Young Hoon / Dewan, Sunil (2001): Risk Management in International Development Projects, Proceedings oft he Project Management Institute Annual Seminars & Symposium, Nashville, Tenn.

Lamnek, Siegfried (2005): Qualitative Sozialforschung, 4. Auflage, Beltz Verlag, Weinheim.

Lappe, Marc / Eikelmann, Tobias / Campana, Christophe / Schott, Eric (2008): Praxiserfahrungen und Best Practice zur Projektpriorisierung und -selektion. In: Steinle, Claus / Eßeling, Verena / Eichenberg, Timm (Hrsg.): Handbuch Multiprojektmanagement und -controlling. Projekte erfolgreich strukturieren und steuern, 1. Aufl., Erich Schmidt Verlag, Berlin, S. 151 - 164.

Litke, Hans-Dieter / Kunow, Ilonka (2002): Projektmanagement, 3. Auflage, Haufe Verlag, Planegg/München.

META Group (2002): IT Project Portfolio Management: The Strategic Vision of IT Projects, A META Group White paper.

Müller et al. (ohne Datum): IT-Projektportfoliomanagement, Seminararbeit, Lehrstuhl für Betriebswirtschaftslehre, Wirtschaftsinformatik & Financial Engineering, Universität Augsburg.

Spizzuco, Teresa (2007): Optimize your vision - Aligning your IT portfolio & business strategy, in: BusinessWeek, March 07 Edition.

Steinle, Claus / Eßeling, Verena / Mach, Kristina (2008): Entwicklung einer Konzeption zur Priorisierung und Selektion von Projekten im Rahmen des Projektportfolio-Managements. In: Steinle, Claus / Eßeling, Verena / Eichenberg, Timm (Hrsg.): Handbuch Multiprojektmanagement und -controlling. Projekte erfolgreich strukturieren und steuern, 1. Aufl., Erich Schmidt Verlag, Berlin, S. 137 - 149.

Stephan, Jörg (2006): Finanzielle Kennzahlen für Industrie- und Handelsunternehmen - Eine wert- und risikoorientierte Perspektive, Dissertation zu Universität Köln.

Tiemeyer, Ernst (2008): IT-Projektportfoliomanagement – Konzepte und praktische Lösungen, in: Hoffmann, Karsten/Mörike, Michael (Hrsg.): IT-Projektmanagement im Wandel, HMD 260, Praxis der Wirtschaftsinformatik, dpunkt.verlag, Heidelberg, S.43-52.

Tscherne, Peter (2006): Strategische Kommunikation für IT Projekte -Eine Einführung, CIDPARTNERS, Köln.

Voigt, Volker (2008): Ausgestaltung der Projektpriorisierung – ein engpassorientierter Ansatz. In: Steinle, Claus / Eßeling, Verena / Eichenberg, Timm (Hrsg.): Handbuch Multiprojektmanagement und -controlling. Projekte erfolgreich strukturieren und steuern, 1. Aufl., Erich Schmidt Verlag, Berlin, S. 165 – 183.

Wehrmann, Alexander / Heinrich, Bernd / Seifert, Frank (2006): Quantitatives IT-Portfoliomanagement - Risiken von IT-Investitionen wertorientiert steuern, in: Wirtschaftsinformatik, Jahrgang 48, No.4, S.234-245.

Wack, Jessica (2006): Risikomanagement für IT-Projekte, Dissertation Universität Hamburg.

Werner, Angela (2008): Risikoorientierte Planung und Steuerung des Projektportfolios. In: Steinle, Claus / Eßeling, Verena / Eichenberg, Timm (Hrsg.): Handbuch Multiprojektmanagement und -controlling. Projekte erfolgreich strukturieren und steuern, 1. Aufl., Erich Schmidt Verlag, Berlin, S. 119 - 136.

Wollmann, Peter (2008): Strategische Planung und Projektportfoliomanagement. In: Steinle, Claus / Eßeling, Verena / Eichenberg, Timm (Hrsg.): Handbuch Multiprojektmanagement und -controlling. Projekte erfolgreich strukturieren und steuern, 1. Aufl., Erich Schmidt Verlag, Berlin, S. 67 - 78.

Zimmermann, Steffen (2008): IT-Portfoliomanagement – Ein Konzept zur Bewertung und Gestaltung von IT in: IT-Portfoliomanagment, Informatik Spektrum vom 31.05.2008, Springer-Verlag, Augsburg, S. 460 – 468.

Internetquellen

Dammer, Henning / Gemünden, Hans Georg (2005): Ergebnisse einer qualitativen Studie. Erfolgsfaktoren des Multiprojektmanagements, http://www.projektmagazin.de (abgerufen am 15.10.2008).

GPM Deutsche Gesellschaft für Projektmanagement e.V. (2008): Der Deutsche Project Excellence Award, http://www.gpm-ipma.de/docs/fdownload.php?download=GPM_Award-Broschure_final.pdf (abgerufen am 16.11.2008).

Hughes, Kevin (2007): Successful Portfolio Management, Collegiate Project Services, http://www.collegiateproject.com/articles/Success ful%20Portfolio%20Management.pdf (abgerufen am 16.11.2008).

The Standish Group (2004): 2004 Third Quarter Research Report, http://www.kean.edu/~rmelworm/3040-00/StandishGroup-04-q3-spotlight.pdf (abgerufen am 15.10.2008).

Wieder, Gerald (2007): Das Projektportfolio strategisch steuern. Projektpriorisierung bei der Coca-Cola Erfrischungsgetränke AG, http://www.projektmagazin.de (abgerufen am 15.10.2008).

Abbildungsverzeichnis

Tabellenverzeichnis

Abkürzungsverzeichnis

BSSC	Business Systems Steering Committee
CCE AG	Coca-Cola Erfrischungsgetränke AG
CIO	Chief Information Officer
IPMA	International Project Management Association
IT	Informationstechnologie
IT-PPM	Informationstechnologie Projektportfolio Management
RAROC	Risk adjusted return on Capital
ROI	Return on Investment
RORAC	Return on Risk adjusted Capital
TCCC	The Coca-Cola Company